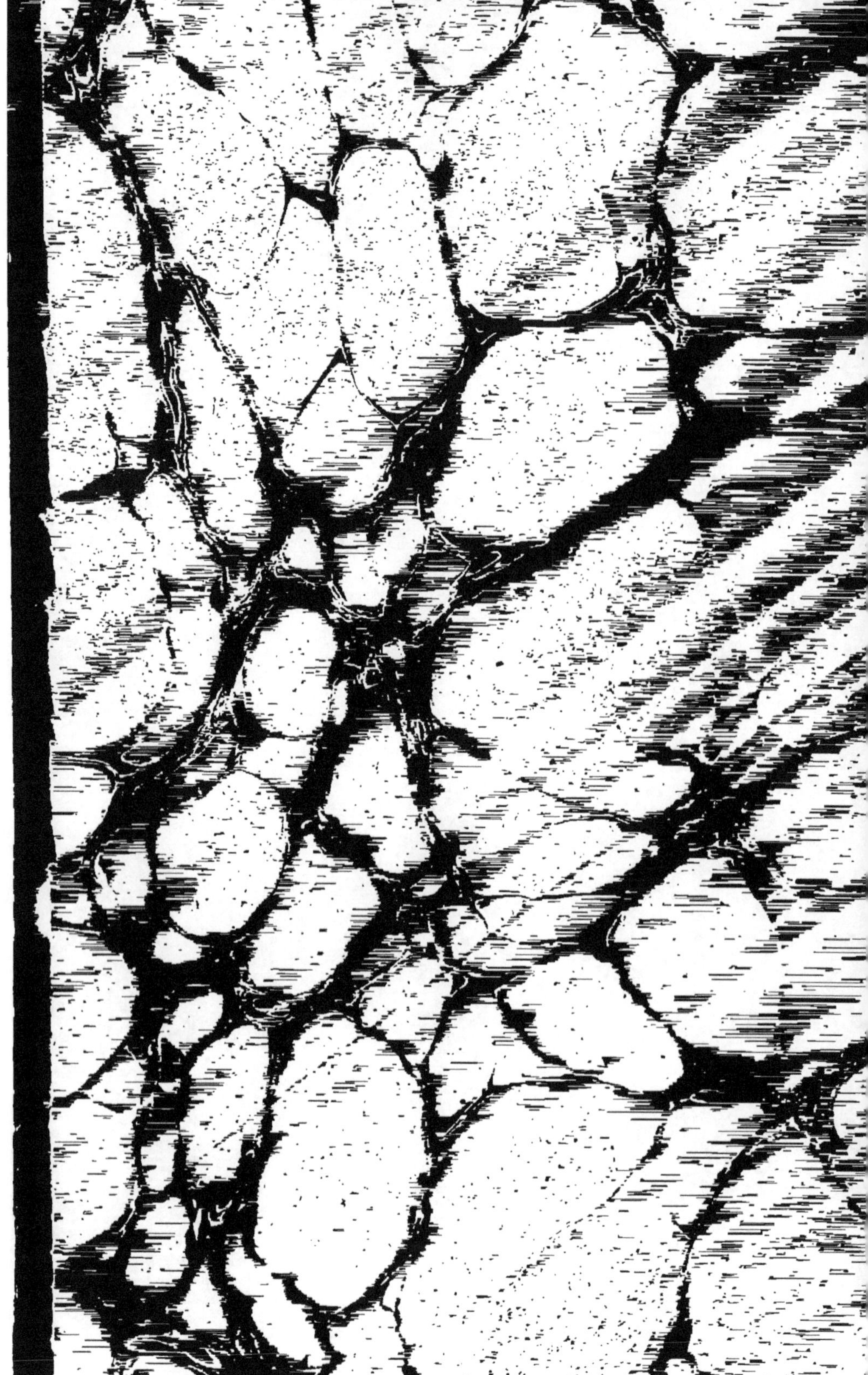

BIBLIOTHÈQUE

DES

ÉCOLES CHRÉTIENNES

APPROUVÉE

PAR Mgr L'ÉVÊQUE DE NEVERS.

ANCIENNE ET MODERNE

PAR

J. de Marlès.

Ruines près de Delhy

Tours
Ad. Mame & Cie

HISTOIRE
DE L'INDE
ANCIENNE ET MODERNE

PAR

J. DE MARLÈS

Ancien rédacteur principal de l'Encyclopédie catholique, auteur de plusieurs ouvrages historiques, d'éducation, etc.

TOURS

A[d] MAME ET Cie, IMPRIMEURS-LIBRAIRES

1845

AVERTISSEMENT.

Il n'est pas possible d'écrire l'histoire de l'Inde san faire usage d'une infinité de mots dont la signification nous est inconnue ou du moins peu familière. C'est là un inconvénient qu'il n'est pas possible d'éviter, à moins qu'on ne substitue à ces mots des équivalents, ce qui aurait l'inconvénient plus grand encore de ne rendre qu'imparfaitement les choses, ou d'obliger l'écrivain à se servir constamment de longues périphrases. Nous avons donc cru convenable d'employer partout les mots propres, qui seuls sont en usage dans l'Indoustan, et d'en offrir l'explication dans une espèce de court vocabulaire, auquel le lecteur aura recours toutes les fois qu'il rencontrera un de ces mots.

Avatar. Les Indous croient que Wishnou, le second de leurs dieux, s'est métamorphosé plusieurs fois pour sauver les hommes de quelque grande calamité, et qu'il a pris tantôt la forme d'une tortue, tantôt celle d'un lion, d'un guerrier, d'un sage. On appelle *avatars* ces transformations. Il doit y en avoir six dans le kali-youga, quatrième âge du monde; c'est l'âge actuel. Neuf avatars sont déjà accomplis; les Indous attendent le dixième.

Balhara, voyez Maharadjah.

Brahma. Dieu des Indous, patron des brahmines. Ce dieu n'est pas éternel. Il est émané de Brimh, qui est le dieu suprême, et qui a chargé Brahma de créer l'univers et tout ce qui existe. Il a cent ans de vie; chaque jour de Brahma se compose des quatre yougas ou âges du monde. Il est honoré comme dieu créateur.

Brahmines. Les brahmines sont les prêtres de l'Inde. Ils forment la première des quatre castes qui divisent la nation. Ils doivent le premier rang au privilége de la naissance ou plutôt à leur origine, car ils sont sortis de la tête de Brahma; les trois autres castes sont sorties de la poitrine, des bras et des pieds du dieu; ce qui a déterminé la place qu'elles occupent dans la hiérarchie. Les brahmines seuls ont la connaissance des livres sacrés, et, comme les anciens prêtres égyptiens, ils ont le monopole de l'instruction.

Castes. Les Indous ont été de tout temps divisés en castes ou classes au nombre de quatre; les brahmines forment la première; les *Tschatriyas* ou guerriers, la seconde (c'est à cette caste qu'appartiennent les radjahs ou princes indous); les *Vaishias*, la troisième; et les *Soudras*, la quatrième.

Dans la troisième caste sont rangés les négociants, banquiers, propriétaires, ce qu'on appelle en France des bourgeois ; dans la quatrième on trouve les laboureurs, les artisans, les industriels, etc. Ceux qui ont été exclus des castes pour quelque raison grave, et ceux qui n'appartiennent par leur naissance à aucune caste, forment la classe abjecte des parias.

Chotba. Nom que les musulmans donnent à la prière publique qui se fait dans les mosquées, et dans laquelle le nom du souverain régnant est inséré ; prière pour le prince régnant.

Dourga. Déesse des Indous, très-puissante, très-malfaisante, et par conséquent très-redoutée. Ses idoles sont d'une forme hideuse. Dourga est femme de Schiba. C'est la même que *Mahakali*.

Fakir. Religieux musulman ; espèce d'ermite ou d'anachorète qui mène ou est censé mener une vie très-austère. La plupart vivent d'aumônes qu'il serait dangereux de leur refuser. Ce nom a été souvent donné à des sectes d'Indous dont les mœurs et les habitudes sont semblables à celles du fakir mahométan.

Iour. Coutume des anciens Indous qui se retrouve au moyen âge chez quelques tribus sauvages telles que les Radjeponts, les Rohillas, etc. Lorsqu'ils étaient assiégés et qu'ils avaient épuisé tous leurs moyens de défense, ils égorgeaient les femmes, les vieillards et les enfants, mettaient le feu à leurs habitations et se précipitaient tête baissée au milieu des rangs ennemis. Cet usage barbare avait passé de l'Inde à d'autres régions. Les habitants de Numance agirent comme les Indous.

Lack. Mesure idéale équivalente à cent mille. Dix lacks font un *crouse* ou million.

Mahabharat. Nom d'un poëme célèbre de l'Inde, attribué

à Viassa, qu'on suppose avoir vécu dans le douzième siècle avant l'ère vulgaire. C'est l'histoire de la *grande guerre* qui eut lieu entre les enfants du soleil et ceux de la lune.

Mahakali. Un des noms de la déesse Dourga.

Maharadjah. Mot équivalent à grand radjah ou roi des rois, seigneur suzerain, duquel tous les autres relèvent. Dans la péninsule propre, le maharadjah portait le nom de bathara. Voir la note page 19.

Menou. Mot qui signifie directeur, régent. Ce nom sert à désigner quatorze intelligences chargées de gouverner le monde pendant un jour de Brahma; mais les menous ne paraissent sur la terre que durant le premier âge. L'histoire du premier menou n'est que l'histoire d'Adam défigurée, tout comme celle du septième menou, *Satyaurata*, est celle de Noé, pareillement transformée.

Monnaies. La monnaie usuelle dans l'Inde est la *roupie*. Il y en a d'or et d'argent; la roupie d'or est au titre le plus fin; elle vaut à peu près quarante-trois francs vingt-deux centimes. La roupie d'argent, à dix deniers de poids, vaut deux francs soixante dix-centimes. La valeur de cette monnaie varie suivant les localités; on en compte de dix-sept sortes; la roupie sicca, qui s'emploie dans le commerce, est celle dont nous indiquons ici la valeur.

Nabab. Nom donné par les musulmans de l'Inde aux gouverneurs de provinces moins importantes que les soubahbies. Le nabab était subordonné le plus souvent au soubah; dans quelques lieux il dépendait directement de l'empereur.

Naïr. Nom que sur la côte occidentale de la Péninsule, Malabar, Canara, Travancor, etc., on donne aux individus de la seconde caste, qui, dans le reste de l'Inde, s'appellent *Tchatriyas*.

Omrah. Nom donné par les Mogols, et en général par tous les mahométans de l'Inde, aux éminents personnages que l'empereur voulait tirer de la classe commune ; créer un individu omrah c'était l'anoblir. Il y avait un émir-al-omrah ou chef des omrahs, dont les fonctions équivalaient à celles des anciens connétables de France.

PANDIT. Mot qui a à peu près la signification de *lettré*. Le pandit est un brahmine qui a une instruction plus qu'ordinaire ; il possède le sanscrit et les autres idiomes du pays ; à la connaissance des livres sacrés il joint celle des documents historiques de la littérature , etc.

PARIAS , voyez CASTES.

POURANA. Nom sanscrit de certains ouvrages qu'on regarde comme des commentaires des védas, et qu'on attribue à Viassa , compilateur de ces derniers ; on en compte dix-huit. Ils renferment la mythologie indoue , que les brahmines ont substituée à leurs doctrines abstraites.

RADJAH. Prince ou roi indou ; ce titre ne se donnait qu'aux princes qui possédaient des États d'une certaine étendue. On désigne les petits radjahs par le nom moins expressif de *ranna* ou *rana*.

RAMAYANA. Poëme sanscrit attribué à Valmic, et contenant l'histoire de l'expédition de Rama , que les Indous regardent comme le fondateur de l'empire.

RANNA , voyez RADJAH.

SATYAURATA. Septième menou sous lequel est arrivé le déluge. C'est évidemment le même personnage que Noé , dont les brahmines ont défiguré l'histoire.

SCHIBA. Troisième grand dieu des Indous, destructeur et reproducteur. Quoiqu'il ne tienne que le troisième rang , il est extrêmement redouté, et beaucoup de brahmines se consacrent particulièrement à son culte.

SOUBAH. Nom donné par les musulmans de l'Inde aux gouverneurs des grandes provinces de l'empire mogol. On désigne encore par ce titre le souverain du Dékhan et celui d'Oude, l'un et l'autre d'origine mogole.

SOUDRA. Membre de la quatrième caste indoue. Voyez CASTES.

TSCHATRIYA. Membre de la seconde caste, qui est celle des guerriers.

VAISHIA. Membre de la troisième caste Indoue. Voyez CASTES.

VÉDAS. Livres sacrés des Indous, recueillis et mis en ordre par Viassa. Ils ont été révélés par Brahma, moins le quatrième, qui est réputé apocryphe. Les védas se composent de trois parties : *mantra*, recueil d'hymnes et de cantiques ; *brahmana*, recueil de maximes et de préceptes; *oupunischad*, explication des dogmes.

WISHNOU. Second dieu des brahmines ; dieu conservateur qui a pris plusieurs fois diverses formes pour venir au secours de la terre ou des hommes. Les brahmines regardent Krischna comme une des transformations de Wishnou ; aussi Krischna est-il leur dieu de prédilection.

YOUGAS, ou âges du monde. Le monde doit durer quatre âges ; à la fin du quatrième âge ou kali-youga, Schiba détruira tout ce qui existe ; mais aussitôt un autre univers sera reproduit pour avoir une existence semblable. Les quatre yougas ne forment qu'un jour de Brahma, et Brahma doit vivre cent ans de ces jours. Chaque âge se compose d'un nombre infini de millions d'années. Les savants européens qui ont habité l'Inde, et vu de près leurs livres, prétendent avec raison que ces âges, et leur durée, ne sont fondés que sur de simples calculs astronomiques.

HISTOIRE
DE L'INDE
ANCIENNE ET MODERNE.

CHAPITRE PREMIER.

Esquisse de l'histoire ancienne de l'Inde depuis les temps les plus anciens jusqu'à l'invasion de Mahmoud.

S'il fallait en croire les brahmines, l'histoire de l'Inde commencerait avec le monde, et la création du monde remonterait à plusieurs centaines de millions d'années. Des prétentions aussi absurdes n'ont pas besoin d'être sérieusement réfutées ; elles tombent d'elles-mêmes. Aussi les brahmines instruits conviennent-ils assez généralement aujourd'hui que, pour tout ce qui se rapporte aux trois premiers yougas ou âges du monde, on ne saurait ajouter aucune confiance à ce qu'on en rapporte. « L'histoire ancienne de l'Inde, dit l'ancien président de la société asiatique de Calcutta, est environnée d'épaisses ténèbres; elle ne commence à devenir moins obscure que vers la fin du quatrième siècle avant Jésus-Christ. » Avant cette époque en effet, et à ne consulter que les poëmes anciens, seuls ouvrages où l'on puisse puiser, on trouve le récit défiguré du déluge universel; ce qui paraît prouver, comme beaucoup de savants l'ont pensé, que les Indous, descendants immédiats de Cham, avaient conservé la mémoire de a terrible catastrophe qui fit périr tous les hommes, à l'exception d'un seul et de sa famille.

Suivant ces mêmes livres la postérité de cet homme miraculeusement sauvé, se divise en deux branches principales, dont l'une porte le nom d'*enfants du soleil*, sourya, et l'autre celui d'*enfants de la lune*, chandra. Ces deux familles ont régné durant le *treta-youga* ou second âge du monde; et comme cet âge a duré plusieurs millions d'années, il y a des règnes de cent mille ans et plus. Les princes de ces deux branches se firent une guerre longue et meurtrière, dans laquelle les poëtes font, comme Homère, intervenir leurs dieux. Le siége du royaume de sourya était dans Ayodhya, la ville moderne d'Oude; le royaume de chandra avait pour capitale Prathizthana, l'ancien pays des Pratchis ou Prasii de Ptolémée, de Strabon et de Pline. Ces deux familles continuèrent de donner des souverains à l'Inde pendant le douapar-youga ou troisième âge, et pendant les premiers mille ans du kali-youga ou quatrième âge, qui est l'âge actuel. Pendant cette dernière période, les deux familles déclinèrent sensiblement, et il se formait une monarchie nouvelle, naghada ou bahar, qui finit par absorber les deux premières. Plusieurs dynasties se sont ensuite succédé jusqu'à Vicramaditya, qui vivait vers le milieu du premier siècle avant Jésus-Christ, et; après ce prince, des dynasties nouvelles ont occupé le trône jusqu'à l'invasion du ghaznevide Mahmoud.

C'est à ce qu'on vient de lire que peut se réduire l'histoire ancienne de l'Inde d'après les documents fournis par les Indous. On doit ajouter que, vers les commencements de l'ère vulgaire, l'Inde avait un prince ou radjah qui dominait sur tous les autres, et qu'on appelait maharadjah (grand roi). C'était comme autrefois en Europe et en France un suzerain duquel relevaient de grands feudataires, jouissant chez eux de tous les attributs de la souveraineté, et n'étant tenus qu'à certains services envers le suzerain.

Les auteurs persans, et en particulier Féríschtà, dont l'ouvrage est le plus estimé, donnent quelques détails, indiquent quelques faits, mais ils n'ont point de preuves, et les monuments historiques leur manquent. Tout ce qu'on peut conclure de leurs écrits, comparés avec ceux des brahmines, c'est que dans les premiers temps les Indous ont eu deux monarchies collatérales, se partageant leur pays, et dont les souverains, comme ceux du Pérou et du Mexique, se disaient fils du soleil ou de la lune; que quelques-uns de ces princes ont transmis jusqu'à nous le souvenir vague de leurs exploits ; que d'autres ont eu la réputation d'être sages, savants ou législateurs; que par fois les deux races s'unissaient par des mariages; que le plus souvent elles se faisaient une guerre acharnée; que la forme du gouvernement était toute féodale; mais qu'il arriva fréquemment que les vassaux, révoltés contre le suzerain, se déclarèrent indépendants; qu'enfin ces États, démembrés de l'empire, eurent leurs princes particuliers, et que, bien qu'il n'y eût de droit qu'un seul maharadjah, plusieurs d'entre eux usurpèrent ce titre, ce qui fait que la tradition place le siége de l'empire tantôt dans une ville, tantôt dans une autre. De là naissent d'inextricables difficultés. Les écrits qui devraient les résoudre ne font que les augmenter, parce qu'ils mêlent partout les fictions les plus extravagantes à la vérité ; de sorte qu'on ne peut jamais former que des conjectures qui, souvent encore, sont contredites l'une par l'autre.

L'obscurité ne commence à se dissiper qu'à l'époque de l'expédition d'Alexandre; encore cette expédition elle-même paraît-elle plus d'une fois fabuleuse, grâce aux exagérations des historiens grecs. Tout ce qu'on peut dire sur ce point de moins incertain, c'est que vers l'an 330 avant l'ère chrétienne il pénétra jusqu'aux rives de l'Indus ou Sindh actuel; mais il paraît qu'il ne traversa que les deux premières des cinq rivières dont la réunion forme le grand fleuve, et qu'il s'arrêta sur la rive droite de la troisième; que l'un des rois de la contrée, que les historiens nomment Taxile, lui fournit des navires et des provisions; que Porus, que les Indous appellent Pourava, leur opposa une vigoureuse résistance. Il paraît résulter encore des récits des Grecs, comparés à ceux des Indous, qu'un jeune homme qui avait passé quelque temps dans le camp des Grecs, le *Sandracottus* d'Arrien, *Sinsarchound* de Férischtà, et *Chandragoupta* des brahmines, s'étant mis à la tête de quelques hommes déterminés, ne cessa de harceler l'armée des Grecs, auxquels il causa beaucoup de dommage; qu'ayant acquis une grande puissance, il s'empara du trône des Pratchis; que les Grecs ayant refusé de suivre Alexandre jusqu'au Gange, le héros macédonien descendit le cours de l'Indus, après avoir fait un traité d'alliance avec Chandragoupta, et que celui-ci prit à sa solde un corps de Grecs ou Yavans qui venaient probablement des garnisons qu'Alexandre avait dû laisser dans les villes qu'il avait conquises ou construites. Il résulte encore des récits des Grecs que Chandragoupta fit un nouveau traité avec Séleucus, possesseur de la Bactriane, de la Syrie et de tout ce qui composait l'ancien empire de Perse. Megasthènes résida pendant vingt ans à la cour du prince indou en qualité d'ambassadeur de Séleucus. Après la mort de Chandragoupta, cette alliance continua avec ses successeurs, et Daïmaque remplaça Mégasthènes.

Après cette époque, les ténèbres reparaissent dans l'histoire de l'Inde, qu'on ne retrouve que par fragments très-incomplets dans celle des princes grecs de la Bactriane. Ce n'est que vers l'an 56 avant Jésus-Christ, à l'époque où Jules César subjuguait les Gaules, qu'un prince indou, le fameux Vicramaditya, par une suite non interrompue d'exploits, parvint à réduire tout l'Indoustan sous sa domination ; malheureusement on n'a sur son compte que des notions générales. Nul, dit-on, ne l'égala dans la science du gouvernement ; nul ne promulgua des lois plus sages ; nul ne montra plus de bravoure sur les champs de bataille, plus d'adresse dans les négociations, plus d'équité dans l'administration de la justice. On ajoute qu'il encouragea les arts et les lettres, qu'il appela auprès de lui tous les hommes éclairés de ses États. On dit encore que ses opinions religieuses étaient celles des anciens brahmines, qu'il adorait un seul Dieu infini, tout-puissant, et qu'il ne regardait les idoles que comme des attributs personnifiés de ce dieu; ce qui se concilie assez mal avec l'érection d'un temple superbe construit par ses ordres en l'honneur de Mahakali, la grande déesse et la plus hideuse idole de l'Inde. Ce prince périt déjà très-vieux dans une bataille; il avait placé à Oujein le siége de son empire, qui ne comprenait pas les provinces septentrionales des bords de l'Indus; celles-ci obéissaient à un prince de la famille de Pourava ou Porus.

Vicramaditya mourut au commencement de l'ère vulgaire; depuis cette époque jusqu'à celle de Bardéo, qui rétablit l'ancien empire plus de trois cents ans après, les annales indoues sont tout à fait muettes. On conjecture qu'après le renversement de l'empire d'Oujein, lequel suivit de près la mort de son fondateur, les radjahs s'érigèrent en petits souverains, qui tous songèrent à conserver leur indépendance plus qu'à s'agrandir par des conquêtes. Bardéo fut le premier qui, plein d'ambition et d'audace, reculât ses limites, reçût de ses soldats le titre de maharadjah et relevât le trône de Canvuje, qui avait succédé au rang de capitale qu'avait eu autrefois Ayodhya. Bardéo et ses descendants ne conservèrent la couronne que jusqu'à la fin du quatrième siècle. Les grands du royaume la placèrent sur la tête de Randéo, qui la porta plusieurs années avec gloire; mais, après sa mort, l'anarchie et le trouble désolèrent pendant longtemps la contrée, ce qui dura jusqu'au milieu du sixième siècle. A cette époque, deux radjahs, Annindéo et

Maldéo, se partagèrent le pouvoir et l'empire, et ils y ramenèrent l'ordre et la paix; mais sur leur tombe, qui s'ouvrit pour l'un et pour l'autre au bout de peu d'années, naquirent les discordes civiles, la révolte et l'anarchie la plus complète. Il paraît pourtant qu'à l'époque où parut Mahomet, l'Inde avait retrouvé quelque tranquillité sous le gouvernement de ses radjahs, dont les plus considérables résidaient à Lahore, à Canouje, à Délhy, à Adjemyr et à Callinger. Les contrées voisines du Dékhan avaient pour habitants les tribus guerrières des Radjepouts, qui, retranchés dans leurs montagnes toutes hérissées de forteresses, pouvaient défier l'invasion étrangère. Quant aux contrées du sud situées au delà de la Nerbouddha, formant la péninsule propre, elles étaient fort peu sujettes aux révolutions. La double chaîne des Gattes, les impénétrables forêts qui les couvraient, les forteresses qui gardaient tous les passages, garantissaient les habitants de toute entreprise du dehors.

Les Arabes, que le coran rendait nécessairement conquérants, avaient pendant longtemps respecté les limites naturelles de l'Inde. Quelques écrivains de cette nation prétendent pourtant qu'un général du calife Wahd s'empara de Moultan, capitale de la vaste province du même nom, située sur la rive gauche du Djenaub (la seconde branche du Sindh). A dater de cette époque, les communications devinrent fréquentes entre les Indous et les marchands arabes. La plupart arrivaient de la Syrie et de la Perse et passaient par Moultan; quelques-uns, partant de Bassora, suivaient le cours de l'Euphrate, entraient dans l'Océan par le golfe Persique, suivaient la côte, visitaient les îles voisines, arrivaient au cap Comorin, ou même doublaient ce cap pour ne s'arrêter qu'à Canton. De ce nombre étaient les deux marchands qui ont laissé de leur voyage au neuvième siècle une relation que Renaudot a traduite. Suivant cette relation, le prince le plus puissant de l'Inde était le *balhara* (1), de qui les rois des autres pays, bien qu'indépendants et maîtres chez eux, reconnaissaient la prééminence.

Il paraît que dans le dixième siècle l'état de l'Inde ne changea point. Massoudi, historien arabe cité par M. de Guigne, parle aussi de ce balhara qui résidait dans le Guzzerat, du royaume de Canouje, de celui de Kaschmir, etc. Massoudi fait pareillement mention d'un souverain qui porte le titre de *mehradje* (maharadjah) ou *roi des îles;* sur quoi l'on observe que les Arabes se servent également du mot île pour désigner les îles et les presqu'îles, et que ce roi des îles était le roi de la péninsule.

(1) Ce nom de *balhara,* qui a la même signification que celui de maharadjah, se donnait dans le moyen âge au souverain qui régnait sur la côte occidentale, depuis les bouches du Sindh jusqu'à la côte du Canara. Ce mot s'est formé de *bal* ou *pal*, qui signifie grand, éminent, et de *heri*, qui signifie seigneur.

Telle était l'Inde lorsque le ghaznevide Mahmoud entreprit d'en faire la conquête. Mahmoud était fils de Soubouctagi, roi de Ghazna (1). Celui-ci avait pénétré dans le Penjab quelque temps avant sa mort; mais, comme son intention n'était pas de garder sa conquête, il avait accordé la paix au radjah Jeypal, qui régnait à Lahore, sous la promesse d'un tribut; mais, après le départ de son vainqueur, Jeypal refusa de remplir les conditions qu'il s'était imposées, alléguant que l'engagement pris avec un ennemi n'était pas obligatoire, Soubouctagi revint. Les radjahs de Délhy, d'Adjemyr, de Callinger et de Canouje accoururent au secours de Jeypal. Soubouctagi fut encore vainqueur; il rentra dans le Caboul, chargé de riches dépouilles.

(1) Ghazna était une ville du Caboul, où le prince faisait sa résidence. Le royaume de Ghazna comprenait le Khorassan, le Caboul et le Zaboulistan.

CHAPITRE II.

Invasion de Mahmoud dans l'Inde. — Des successeurs de Mahmoud. — Extinction de la race des ghaznevides.

Mahmoud annonça dès son avénement l'intention d'envahir l'Indoustan ; il avait fait vœu, dit-on, de n'accorder ni paix ni trêve aux Indous avant d'avoir renversé leurs temples et brisé leurs idoles. Son armée, aguerrie et nombreuse, reçut avec joie la nouvelle de la campagne qui se préparait. Ce fut vers la fin de l'an 1000 de l'ère vulgaire que, dévoré de la soif des conquêtes et portant jusqu'au délire la manie du prosélytisme, Mahmoud dirigea sa marche dévastatrice vers la ville de Lahore, qu'on regardait alors comme la clef des provinces septentrionales de l'Indoustan.

Cette première expédition fut peu importante ;

Mahmoud ne voulait que mettre le courage des Indous à l'épreuve ; mais, pour tenir en haleine ses propres troupes, il leur ménagea plusieurs occasions de se charger de butin. Il revint l'année suivante avec dix mille chevaux d'élite. Jeypal, radjah de Lahore, courut à sa rencontre avec quarante mille hommes et trois cents éléphants; vaincu et prisonnier seul, il ne fut rendu à la liberté qu'au prix d'une énorme rançon et de la promesse pour l'avenir d'un tribut annuel. De retour dans sa capitale, il ne voulut pas survivre à la honte de sa défaite ; il fit couronner son fils Annindpal ; après quoi il se jeta vivant dans un bûcher qu'il avait fait préparer. Un radjah dépendant de celui de Lahore refusa de payer sa portion du tribut, de sorte qu'Annindpal ne put envoyer la somme entière. Mahmoud ne tarda pas à paraître ; le radjah récalcitrant fut contraint de prendre la fuite ; et comme il se vit poursuivi de très-près et sur le point d'être atteint, il tourna contre lui-même le fer qui n'avait pu le défendre et se frappa d'un coup mortel. La quatrième expédition de Mahmoud se termina par la conquête de Moultan.

Cependant Annindpal supportait impatiemment le joug ; il voulait le briser. Les radjahs d'Oudgein, de Gualeor, de Canouje, d'Adjemyr et de Délhy, s'unirent à lui, et ils mirent sur pied la plus formidable armée qu'on eût vue dans l'Inde depuis plusieurs siècles. Tout autre que Mahmoud aurait reculé devant le danger; mais le courageux ghaznevide, faisant partager à ses troupes l'ardeur dont lui-même était plein, s'avança audacieusement vers Leischore; les deux armées se rencontrèrent dans une plaine immense, voisine de cette ville. Le zèle pour les dieux, l'amour de la patrie, le salut de l'Inde, tous les grands intérêts qui font agir les hommes remplissaient le cœur des Indous. La valeur froide et réfléchie, l'orgueil des anciens triomphes, la discipline sévère étaient dans le camp de Mahmoud. Soutenus par l'indomptable courage de leur souverain, les ghaznevides ne comptent point leurs ennemis; ils savent d'ailleurs que sous leurs yeux s'étalent toutes les richesses de l'Inde; quel puissant aiguillon pour des soldats qui ont soif de butin!

Mahmoud ne craignait ni le courage ni la tactique des Indous; mais il était quelquefois épouvanté de leur nombre; aussi, ne voulant rien donner au hasard, avait-il entouré son camp de retranchements. L'action fut engagée par un corps de mille archers d'élite qui s'avançaient à portée des Indous, faisaient leur décharge et se retiraient. Les Indous les poursuivaient; mais, quand ils arrivaient au pied des retranchements, ils étaient reçus par des troupes fraîches qui en faisaient un horrible carnage. Le combat avait duré de cette manière une grande partie du jour; mais quand Mahmoud s'aperçut que les Indous mettaient moins de vivacité dans leurs attaques, il crut le moment venu de décider la victoire, et, se mettant à la tête de sa réserve composée de cavaliers arabes et afghans, il se précipita au milieu des bataillons ennemis; malgré sa valeur surhumaine, il aurait probablement succombé, si la fortune n'était venue à son secours.

Il était d'usage chez les Indous que le général, monté sur un éléphant, occupât le centre de l'armée; si les soldats ne pouvaient plus le voir, ils cessaient de se battre et prenaient la fuite. L'éléphant d'Annindpal, effrayé par l'explosion d'une fusée, résista aux invitations de son guide; il voulut même fuir; on essaya de l'arrêter, et il devint furieux. Indocile à la voix, à la main, il emporta le radjah au hasard à travers les rangs des soldats. Ceux-ci, pensant que leur chef les abandonnait, se laissèrent aller au découragement; bientôt après leurs rangs se rompirent, et la déroute devint générale, sans que leurs ennemis y eussent pour ainsi dire contribué. Les musulmans firent un butin immense. Trente éléphants furent chargés d'or et de pierreries; mais ce qui dut paraître plus important que ce riche butin, ce fut que, par cette victoire, Mahmoud acquit la réputation d'un guerrier invincible, dont les propres dieux de l'Inde favorisaient l'audace et les entreprises.

L'année suivante (1010) ne fut pas moins heureuse pour les ghaznevides que les précédentes.

Après avoir soumis une tribu d'Afghans jusque-là indomptés, qui avaient pour capitale la ville de Gour, Mahmoud prit la route du Moultan, où quelques symptômes de révolte s'étaient montrés. De là il s'avança vers Lahore, dans l'intention d'aller renverser le temple de Joug-Soum (la lune) dans l'antique cité de Tannasar, à trente milles environ de Délhy, vers l'ouest. Le temple renfermait plus de mille idoles de matières précieuses; quant à l'idole principale, elle était, disait-on, plus ancienne que le monde. Toutes ces circonstances rendaient ce lieu sacré pour les Indous. Le radjah de Délhy fit de vains efforts pour défendre sa ville. Il avait demandé du secours aux radjahs ses voisins, mais Mahmoud, par sa diligence, avait prévenu l'effet de cette demande; Tannasar fut prise et saccagée, le temple pillé, l'idole brisée, et au bout de quelques jours Délhy eut le sort de Tannasar. Mahmoud trouva la situation de Délhy si heureuse, son climat si doux, le pays si riche, la ville si belle, qu'il résolut de l'annexer à son royaume.

Annindpal mourut deux ans après (1013). Mahmoud, ne se croyant pas lié par les traités envers son successeur, vint mettre le siége devant le fort de Nindouna, dont la possession lui ouvrait l'entrée du Penjab. Le nouveau radjah, Pitterou-Jeypal, se sauva dans le Kaschmir. Après avoir forcé la garnison à se rendre, Mahmoud poursuivit le radjah, mais il ne put l'atteindre. Le gaznevide, obligé de renoncer à ses poursuites, se contenta de soumettre la contrée. Cette conquête ne suffisait pas à son ambition; il méditait depuis quelque temps celle de Canouje, qui passait alors pour la métropole de l'Inde. Cette ville avait beaucoup perdu de son antique splendeur, mais elle conservait encore une sorte de prééminence, reste des anciennes habitudes; elle était d'ailleurs une des plus belles cités de l'Indoustan. Une marche pénible de plus de deux mois conduisit Mahmoud au Kaschmir, à travers le Thibet; de là, suivant la chaîne des montagnes qui s'étend jusqu'à Canouje, il arriva sous les murs de cette ville avant même qu'on y eût appris son départ de Ghazna. Kourrah, qui régnait alors sur la contrée, était un prince efféminé et pusillanime, peu propre à combattre. Il se rendit au camp de Mahmoud avec sa famille, et, prenant le ton et l'attitude d'un suppliant, il implora sa clémence; on prétend même que, pour intéresser Mahmoud à son sort, il embrassa l'islamisme.

Après avoir passé trois jours à Canouje, Mahmoud alla se mettre en possession de tout le pays situé entre le Gange et la Djamna. Ces faciles conquêtes ne demandèrent que peu de temps; celle de l'antique Mattoura, fameuse dans l'Inde parce qu'elle fut le berceau de Krischna et le théâtre de ses aventures, ne coûta pas davantage; toutefois le défaut de résistance ne sauva point du pillage cette malheureuse ville, la cité sainte des Indous. Mahmoud ne croyait pas accomplir sa mission, s'il se contentait d'enlever aux Indous les idoles qui remplissaient leurs temples; il voulait aussi abattre les édifices; mais il paraît qu'à leur aspect il fut saisi d'un sentiment d'admiration qui, paralysant ses aveugles fureurs, les sauva de la destruction. Lorsqu'il eut soumis toute la contrée, il reprit le chemin de Ghazna, emmenant cinquante-trois mille captifs et trois cent cinquante éléphants chargés de butin.

Cependant les radjahs de Callinger et d'Adjemyr, irrités contre Kourrah, qui s'était lâchement constitué tributaire du tartare Mahmoud, lui déclarèrent la guerre, ou plutôt profitèrent pour envahir ses États, de l'éloignement de Mahmoud. Celui-ci, informé par des messagers du danger que courait son vassal, partit immédiatement pour Canouje; mais, quelque diligence qu'il put faire, il n'arriva qu'après que Kourrah, vaincu et fait prisonnier, eut été mis à mort par ordre de Nounda, radjah de Callinger. Mahmoud jura de le venger; Nounda ne l'attendit pas; il se jeta dans les montagnes, mais il perdit tout son bagage et cinq cent quatre-vingts éléphants de guerre. Mahmoud, en retournant vers Ghazna, fit la conquête de Lahore; il y passa tout l'hiver, régla l'administration de la province, plaça des garnisons et des gouverneurs dans tous les lieux susceptibles d'en recevoir. Cette conquête terminée, Mahmoud, qui se piquait de fidélité dans ses conventions, mais qui n'oubliait pas les injures, songea à se venger de Nounda et du radjah de Guoualior, son allié. L'un et l'autre se soumirent pour ne pas exposer leurs États à la dévastation. Nounda, qui, plus que son allié, avait à craindre les ressentiments de Mahmoud, accompagna ses offres de soumission d'une pièce de vers dans laquelle il exaltait outre mesure les vertus guerrières et politiques du vainqueur. Celui-ci avait auprès de lui plusieurs savants arabes, persans ou indous, qui tous jugèrent que la pièce de vers était excellente; et Mahmoud, désarmé par la flatterie, pardonna au radjah.

De retour à Ghazna, et méditant de nouvelles conquêtes (1024), Mahmoud passa la revue générale de ses troupes disponibles, c'est-à-dire de celles qu'il pouvait mettre en campagne sans y comprendre les garnisons; cette revue lui donna cinquante-cinq mille cavaliers d'élite, cent mille fantassins et treize cents éléphants. Avec une telle armée depuis longtemps aguerrie, son propre courage, son expérience et sa fortune, que ne pouvait-il pas entreprendre? Il existait dans le Guzzerat, non loin de la ville maritime de Déo ou Dion, un temple fameux connu sous le nom de Sumnaut. Il surpassait en magnificence et en richesses Bimé, Tannasar, Mattoura et l'antique

Jagghernaut. Deux mille villages lui apportaient leurs dîmes et leurs revenus; deux ou trois mille brahmines étaient attachés au culte de l'idole; trois cents musiciens, cinq cents jeunes filles faisant l'office de bayadères, trois cents barbiers pour le service des pèlerins, augmentaient le nombre des desservants de cet immense édifice, qui, d'après son nom, paraît avoir été consacré à *souma* ou *chandra*, la lune. L'armée musulmane se dirigea vers le Guzzerat à travers le Moultan et l'Adjemyr. Comme elle avait deux vastes déserts à traverser, Mahmoud, en général prévoyant, avait ordonné à chaque soldat d'emporter des vivres pour quelques jours, et il se faisait suivre par vingt mille chameaux chargés d'eau et de vivres. L'armée arriva sans accident en vue du temple qu'elle venait conquérir.

La ville, bâtie sur une étroite presqu'île, était entourée de remparts d'une grande hauteur; mais les tours pyramidales du temple et des principaux édifices s'élevaient au-dessus des remparts. Dès que l'armée ghaznevide parut, les Indous firent quelques signaux pour donner à entendre qu'ils avaient quelque chose à dire. Il s'agissait d'une invitation à Mahmoud, de la part de Sumnaut, de se retirer au plus vite s'il ne voulait éprouver et faire éprouver à son armée les terribles vengeances du dieu. Mahmoud sourit de pitié, et donna l'ordre à ses troupes de se tenir prêtes pour un assaut général le lendemain dès le point du jour. Les Indous, qui comptaient moins sur leur propre courage que sur l'assistance de Sumnaut, voyant que le dieu ne foudroyait pas les infidèles, s'enfuirent tous vers le temple, les yeux pleins de larmes. Mais quand ils s'aperçurent que les musulmans étaient sur le point d'escalader les remparts, leur douleur se changeant en désespoir, ils se ruèrent sur les assiégeants, qu'ils forcèrent à la retraite. Un assaut donné le lendemain n'eut pas plus de succès; Mahmoud en préparait un troisième, lorsqu'on vint l'avertir qu'une armée nombreuse d'Indous, conduite par Byram-Déo, venait au secours de la ville. Mahmoud, avec une partie de ses troupes, courut au-devant des Indous. La bataille fut longue, opiniâtre et sanglante, et la victoire, vivement disputée, fut en quelque sorte arrachée aux Indous par d'incroyables efforts de courage; cinq mille d'entre eux restèrent sur le champ de bataille. Les défenseurs de Sumnaut, témoins de ce désastre, perdirent toute espérance; quatre mille environ s'embarquèrent sur les bâtiments qui se trouvaient dans le port, avec l'intention de se retirer à Ceylan. Mahmoud fit partir aussitôt tous les navires qu'il put se procurer, avec un détachement de ses meilleures troupes, qu'il chargea d'arrêter et de ramener les fugitifs. Ceux-ci, mauvais navigateurs, furent atteints à peu de distance.

Mahmoud entra le même jour dans la ville, et d'abord il se dirigea vers le temple. Son premier sentiment, devant ce prodigieux édifice, fut d'admiration; mais ce sentiment fit bientôt place au zèle religieux, et dans un accès de zèle fanatique il s'approcha de l'idole et lui déchargea sur la tête un coup de massue qui lui abattit le nez. L'ordre de mettre le dieu en pièces suivit aussitôt cet acte, dont l'impiété remplit les Indous d'horreur. Ils s'attendaient, à tous les instants, à voir arriver la céleste vengeance; mais le dieu, mutilé, insensible à l'outrage, ne songea nullement à se défendre. Les brahmines, qui avaient leurs motifs, offrirent à Mahmoud des sommes énormes pour la rançon de leur dieu; l'offre était si belle, que tous ses officiers lui conseillaient de l'accepter. Mahmoud ne les écouta pas; et lorsque le corps de l'idole, entr'ouvert aux premiers coups de hache, laissa tomber de ses profondes cavités une quantité prodigieuse de diamants, de rubis, de perles et de pierres précieuses de toute espèce, ils crurent que le prophète lui-même avait inspiré leur souverain. Les fragments de Sumnaut furent envoyés à la Mecque, à Médine et à Ghazna, pour en paver le seuil de la principale porte d'entrée de ces trois villes. L'idole, d'une seule pierre de cinquante coudées, était enfouie aux trois quarts dans la terre. Plusieurs milliers de petites images d'or et d'argent étaient suspendues aux murailles et à la voûte, qui reposait sur cinquante-six piliers tout recouverts de lames d'or, dans lesquelles on avait incrusté des pierres précieuses. Une chaîne d'or, attachée au plus haut de la voûte, supportait une espèce de cloche de même métal, qui servait à indiquer aux Indous les diverses cérémonies religieuses.

Mahmoud, maître du temple et de la ville, voulut se venger des radjahs qui avaient tenté de lui faire lever le siége : ses ressentiments se dirigeaient principalement contre Byram-Déo, qui avait été le chef de la coalition. Byram s'était réfugié dans une forteresse située sur un rocher que les eaux de la mer entouraient. Mahmoud, dont le courage paraissait croître avec les obstacles, poussa son cheval dans la mer au moment du reflux, et franchit heureusement le dangereux passage ; une troupe de cavaliers d'élite le suivit de près; ces cavaliers portaient des échelles. Byram n'attendit pas l'intrépide roi de Ghazna; il s'évada furtivement sur une barque, et ses soldats, complétement découragés par le lâche abandon de leur chef, livrèrent la forteresse. Narwala, capitale de la contrée, suivit l'exemple du fort. Mahmoud pourvut à l'administration de sa nouvelle conquête avant de reprendre le chemin de Ghazna. Lorsque le calife de Bagdad eut appris son retour à Ghazna (1027), il lui envoya des lettres de congratulation dans lesquelles il lui accordait tous les titres d'honneur en usage dans l'Orient.

Mahmoud arrivait à un âge fait pour le repos; il parut même, pendant quelque temps, disposé à jouir en paix de tout ce qu'il avait acquis; mais il voulait châtier les Jauts, qui, à son retour de Sumnaut, avaient harcelé son armée; et il partit pour le Moultan. Les Jauts avaient, dit-on, quatre mille bateaux sur le Sindh pour s'opposer au passage des musulmans. Mahmoud fit construire cinq cents bâtiments, armés à la proue et sur les côtés, de pointes de fer pour les garantir de l'abordage; et, après y avoir placé un nombre suffisant de soldats, il envoya sa flottille à la rencontre des Jauts, dont les bateaux furent tous fracassés, submergés ou brûlés. Un grand nombre de Jauts périrent; leurs habitations furent dévastées. Après cette expédition, il retourna dans ses États : il ne devait plus revoir l'Inde. Attaqué d'un mal dont lui-même ne se dissimulait point les dangers, il fit apporter auprès de son lit ses diamants et ses pierreries, qu'il considéra pendant quelque temps avec un morne silence; on vit ensuite ses yeux se mouiller de larmes. Le lendemain il fit la revue de son armée, de ses chevaux, de ses éléphants, et à l'aspect de ces instruments de guerre et de triomphes, désormais inutiles, il ne fut pas maître de sa douleur. Il rentra dans son palais, poursuivi d'images cruelles; et cet homme, qui tant de fois avait exposé sa vie dans les combats, montrait maintenant, pour cette même vie qu'il sentait s'éteindre et qu'il ne pouvait prolonger, un amour qui s'exhalait en cuisants regrets. Voulant régler pourtant le sort de ses deux fils, il nomma pour lui succéder son fils cadet Mohammed, assignant l'Irak (1), qu'il avait conquis depuis peu, à Massoud, son fils aîné. Quelques instants après il expira (1030, de l'hégire 421); il avait régné trente-trois ans, et était monté sur le trône à trente.

Ce prince avait de grandes qualités, mais il les a ternies par des excès qui, peut-être, venaient moins de son caractère que de ses préjugés religieux, ou des besoins de sa politique. Dans l'essor de son zèle pour l'islamisme, zèle qu'il poussait jusqu'à l'enthousiasme, il commit souvent des actions condamnables sans mauvaise intention. Il possédait à un très-haut degré toutes les vertus du guerrier : bravoure, audace, intrépidité, constance, génie; il n'était pas non plus étranger à l'art de gouverner les hommes, et il donna souvent des preuves de son amour pour la justice et de son inflexible équité; mais en même temps il se montra fanatique et avare, ou plutôt avide de richesses. Quelquefois pourtant il voulut paraître généreux, mais ce fut moins par penchant que par ostentation. Il aimait la louange, mais il cherchait moins à la mériter qu'à l'entendre. Aucun prince

(1) Partie centrale de la Perse.

mahométan ne l'avait égalé en pouvoir et en richesses; son empire s'étendait, d'une part, depuis la mer Caspienne jusqu'aux bouches du Shind, et, d'autre part, depuis le Tigre jusqu'au Gange. Quant à ses trésors, ils étaient d'une valeur incalculable.

On dirait que le caractère de Mahmoud se composait de contrastes; avec l'un il se montrait noble et grand, avec l'autre il se négligeait jusqu'à paraître petit; tantôt il affectait la douceur et la clémence, tantôt il se glorifiait d'être sévère et inexorable. Il appelait à sa cour les poëtes et les savants de toute l'Asie; il marchandait ensuite sur la valeur des promesses qu'il leur avait faites. Poëte lui-même, il traduisit en vers un *Traité sur le gouvernement*, qui avait pour auteur un brahmine; et c'était principalement sur les brahmines que tombaient les persécutions. Il protégeait à Ghazna tous les arts utiles; il abattait dans l'Inde tous les monuments des arts, ne respectant pas même la paix des tombeaux. Modéré, sage, équitable avec les musulmans, il fut pour les Indous violent, capricieux, intolérant et despote.

Mohammed avait été reconnu souverain de Ghazna, conformément aux dernières volontés de Mahmoud. C'était un prince doux, presque timide, aimant le repos et le plaisir; son frère Massoud était au contraire le portrait vivant du défunt : c'était là le chef qu'il fallait aux ghaznevides, dont l'empire naissant avait encore besoin d'être soutenu. Aussi l'esprit de révolte ne tarda pas à se manifester. Mohammed ouvrit ses trésors; le peuple et les soldats reçurent ses dons : leurs cœurs restèrent à Massoud. Une bataille entre les deux frères décida la question; Mohammed, fait prisonnier, fut jeté dans une prison, après avoir été privé de la vue, suivant la coutume orientale. Massoud fut reçu dans Ghazna aux vives acclamations des habitants et de l'armée. Il signala son avénement par quelques actes intéressés de clémence, et par quelques expéditions dont le succès fut aussi décisif que prompt et rapide.

Les rois n'ont d'amis que tant qu'ils sont heureux; s'ils tombent dans l'adversité, les adorateurs du pouvoir se croient dégagés de reconnaissance et de fidélité. Des revers multipliés suivirent ces premières faveurs de la fortune; la tribu tartare des Seljoukides s'était emparée de tout le Khorassan; incapable de leur résister, Massoud forma le projet de se retirer dans l'Indoustan, où, retranché derrière le Sindh, il pourrait former une armée, pour aller ensuite tenter le sort des armes. A peine fut-il arrivé sur les bords du Djeloum, l'une des cinq branches du Sindh, que les esclaves (1), qui étaient en grand nombre et

(1) On donnait ce nom à des jeunes gens que les princes musulmans, d'après une coutume presque générale parmi eux, achetaient ou faisaient acheter, et qu'ils élevaient avec soin pour

qui probablement désespéraient du salut de leur maître, se concertèrent avec les conducteurs des chameaux pour se partager ses trésors. L'attentat des esclaves fut, pour tous les soldats, le signal du pillage, de la licence et de l'anarchie. Massoud, qui marchait à l'arrière-garde, informé de ce désordre, voulut se rendre au milieu des rebelles; ceux-ci se sauvèrent par la trahison du châtiment dû à leur révolte. Ils s'avisèrent d'invoquer la désignation que Mahmoud mourant avait faite de son successeur; et déposant Massoud, qu'ils chargèrent de fers, ils proclamèrent empereur son frère Mohammed; celui-ci l'envoya dans une forteresse, et comme son état de cécité le rendait incapable de gouverner par lui-même, il se déchargea sur Ahmed, son fils, du poids des affaires. Ahmed se rendit aussitôt au fort de Kourri, où son oncle avait été enfermé, et il l'égorgea de sa propre main. Cet acte de barbarie, loin de consolider l'autorité du meurtrier, ne fit que précipiter sa chute. Modoud, fils aîné de la victime, jura de périr ou de venger son père; l'indignation des ghaznevides lui donna des soldats. Ahmed et ses complices marchèrent à sa rencontre. La vic-

les rendre capables d'occuper par la suite les emplois les plus éminents. Comme ils possédaient la faveur du prince, qu'ils étaient nombreux, et que beaucoup d'entre eux exerçaient de hautes fonctions, ils avaient toujours une grande part dans la direction des affaires publiques.

toire ne se fit pas longtemps attendre. Ahmed, vaincu, chercha son salut dans la fuite; mais il fut arrêté à peu de distance du champ de bataille. Le vainqueur l'envoya immédiatement au supplice; Mohammed eut le même sort.

Les radjahs indous avaient eu connaissance des troubles qui avaient suivi la mort de Massoud, et, jugeant le moment venu de recouvrer leur indépendance, ils formèrent une puissante ligue, dont le radjah de Délhy se déclara le chef.

Les princes du Penjab s'unirent à ceux des bords du Gange; ils mirent sur pied une puissante armée. Toutefois leurs efforts n'eurent aucun succès, et les musulmans, vainqueurs, les firent rentrer sous le joug qu'ils avaient tenté de briser. Modoud ne jouit pas longtemps de son triomphe; il mourut de maladie dans la neuvième année de son règne (1049).

Après la mort de Modoud, le trône fut occupé durant un siècle par des princes faibles ou inhabiles, qui laissèrent périr peu à peu l'empire fondé par Mahmoud. On distingue pourtant parmi eux Ibrahim, qui ceignit la couronne en 1059, et la porta près de quarante ans avec assez de gloire et de bonheur. Ses courtisans lui donnèrent les titres d'*Almoudhaffar* et d'*Almanzour* (conquérant et victorieux), parce qu'il avait consolidé la domination musulmane dans l'Inde.

Byram, en montant sur le trône (1118), donnait

l'espérance d'un règne heureux et paisible. Porté au bien par inclination, il fit fleurir les lois que son père avait réformées; et quoiqu'il ne fût pas lui-même doué d'un grand génie, il aima les sciences et les lettres, et protégea ceux qui les cultivaient. Ce fut lui qui fit faire la traduction persanne d'un livre de fables et d'apologues intitulé *Killila-Jumna*, très-estimé dans l'Inde, et qui probablement n'est autre que l'*Hitopades*, recueil de fables transportées d'Asie en Europe sous le nom très-impropre de *Pilpay*. Les premières années de ce règne ne furent pas non plus destituées de gloire militaire. Balin, gouverneur de Lahore, s'étant révolté, Byram marcha contre lui, le vainquit et lui pardonna; incapable de reconnaissance, Balin se révolta de nouveau, fut encore vaincu, et trouva la mort sur le champ de bataille. Mohammed, prince de Gaur et gendre de Balin, avait trempé dans la conjuration. Byram l'envoya au supplice; cet acte de rigueur était juste, mais impolitique, parce que la famille de Gaur était très-puissante.

Les gaurides coururent aux armes, et la fortune inconstante leur fit acheter ses faveurs par plusieurs revers; mais à la fin Byram succomba. On dit qu'arrivé sur la frontière de l'Indoustan, en fuyant devant ses vainqueurs, il expira de regret et de désespoir. Cosrou, son fils aîné et son successeur, établit sa résidence à Lahore, tandis que les gaurides occupaient tout le Khorassan. Il mourut au bout de sept ans, laissant pour lui succéder un fils nommé comme lui, en qui finit la dynastie des ghaznevides (1184), dont la puissance, fondée par Mahmoud et portée par ses victoires au plus haut période, ne fit que décliner après lui sous des princes inhabiles, politiques sans bravoure et sans énergie, ou courageux sans génie et sans prudence.

CHAPITRE III.

Des princes gaurides. — Nouveau royaume de Délhy, fondé par Coultoub. — Des successeurs de Coultoub. — Expédition de Dgenghiz-Khan. — Première apparition des Mogols. — Extinction de la race gauride.

Après avoir pourvu au gouvernement de Lahore, le vainqueur de Cosrou, Mohammed le gauride, se retira dans le Khorassan (1191), et il sembla d'abord avoir renoncé à tout projet ultérieur de conquête; mais tout à coup, sortant du long repos auquel il s'était condamné, il réunit une armée, se mit à sa tête et envahit l'Adjemyr. La ville de Tibérhind, capitale de la contrée, lui ouvrit ses portes et reçut garnison. Le radjah de ce pays, Pittou-Ray, apprenant qu'il était reparti pour Ghazna, sortit de sa retraite, contracta une étroite alliance avec plusieurs autres princes indous, et se vit bientôt, dit-on, à la tête de deux cent mille hommes de cavalerie, soutenus par trois mille éléphants. La garnison de Tibérhind, se voyant menacée, fit partir des messagers qui atteignirent Mohammed avant qu'il fût sorti de l'Indoustan, et sur-le-champ le prince gauride retourna sur ses pas. Les deux armées se rencontrèrent près du village de Sirauri, sur les bords de la rivière Sirsutti, à quatre-vingts milles environ de Délhy. Comme les Indous étaient de beaucoup supérieurs en nombre aux gaurides, ils débordèrent les deux ailes de ces derniers, qui, au lieu de combattre, se retirèrent en se repliant sur l'arrière-garde. Mohammed, qui se trouvait au centre de sa ligne de bataille, prit le mouvement rétrograde pour une déroute, et, n'écoutant que son désespoir, il fondit sur les ennemis avec tant de furie, qu'il porta le désordre dans leurs rangs. Le radjah de Délhy, qui ne lui cédait pas en courage, poussa contre lui son éléphant; Mohammed se jeta aussitôt en bas de son cheval pour attaquer l'éléphant et démonter le radjah, qui, d'un coup de lance, lui fracassa l'épaule et le renversa. Mohammed fut sauvé par un de ses officiers, qui le prit dans ses bras et l'emporta loin du champ de bataille. Dès qu'il fut guéri de sa blessure, il ramena son armée à Gaur. Là il dégrada ignominieusement les généraux et les officiers qui avaient fui sans combattre; puis il leva cent mille cavaliers turcs, persans ou afghans, tous aguerris et animés par l'espoir du pillage; et il reprit le chemin de l'Inde, après avoir fait serment de périr ou de laver dans le sang indou la honte de sa défaite.

Cependant les radjahs confédérés avaient repris Tibérhind, et, sur la nouvelle qu'ils reçurent de la marche de Mohammed, ils allèrent au-devant de lui et l'attendirent sur la même plaine de Siraury, où ils l'avaient vaincu l'année précédente. On dit que leur armée se composait de trois cent mille cavaliers, sans compter les éléphants et l'infanterie, et qu'ils étaient eux-mêmes au nombre de cent cinquante; on ajoute qu'aussitôt qu'ils eurent aperçu les ennemis, ils offrirent des sacrifices à leurs dieux et qu'ils jurèrent par les eaux du Gange de vaincre ou de mourir en combattant. Le souvenir de leur première victoire exaltait d'ailleurs leur courage, qui, d'un autre côté, s'appuyait sur le nombre infini de leurs soldats. Les gaurides profitèrent de la sécurité que paraissaient avoir les Indous, pour s'avancer, sans être aperçus, jusqu'à leur camp. La bataille fut longue et meurtrière. Mohammed décida la victoire en chargeant avec sa réserve, composée de douze mille cavaliers tout couverts de fer. Par cette manœuvre habile, il mit en déroute cette armée innombrable qui, la veille encore, comptait sur des triomphes qu'elle craignait presque de trouver trop faciles.

Le massacre fut horrible ; le radjah de Délhy et plusieurs autres princes furent tués dans la mêlée. Celui d'Adjemyr, premier moteur de la guerre, avait pris la fuite dès qu'il vit la bataille perdue ; mais il fut atteint par les cavaliers afghans, amené devant Mohammed, et condamné à périr dans les supplices. Le fils de Pittou-Ray ne fléchit son vainqueur qu'en se soumettant au payement d'un tribut énorme. Le successeur du radjah de Délhy n'obtint pas de meilleures conditions Mohammed, n'ayant plus d'ennemis à combattre, reprit la route de Ghazna, laissant sur les lieux son esclave Coultoub (1) avec un corps considérable de troupes.

Coultoub voulut se montrer digne de la confiance de son maître; il leva dans le pays quelques bataillons qu'il réunit à son corps d'armée, et, après avoir soumis le fort de Mérat avec les pays d'alentour, il alla mettre le siége devant Délhy, qui fut obligée de se rendre, après avoir épuisé vainement tous les moyens de défense. L'année suivante, traversant la Djumna, il prit d'assaut le fort de Kola, et transféra de Lahore à Délhy le siége de son gouvernement. Il se préparait à pousser plus loin ses conquêtes, lorsqu'il apprit que Mohammed marchait sur Canouje. Coultoub, n'écoutant que sa reconnaissance, s'empressa d'aller avec son armée à la rencontre de Mohammed,

(1) Voir la note, page 36, sur la signification du mot *esclave*.

qui le reçut en l'appelant son ami et son fils ; il lui amenait cinquante mille cavaliers bien disciplinés. Le radjah de Canouje et de Bénarès avait rassemblé une armée formidable, avec laquelle, retranché dans une position avantageuse, il se promettait une victoire complète; il ne fallut, pour le vaincre, que les seules troupes de Coultoub. Le radjah, au désespoir, se précipita au milieu de la mêlée, monté sur son éléphant. Coultoub, qui excellait à tirer de l'arc, l'atteignit d'une flèche au milieu d'un œil; le coup fut si violent, que le radjah fut renversé sur le sol : la flèche avait pénétré dans le crâne. Mohammed fit, peu de temps après, son entrée triomphante à Bénarès, et, de même que Mahmoud le ghaznevide, il brisa les idoles et s'en retourna chargé d'un riche butin. Arrivé à Ghazna, il écrivit à Coultoub une lettre très-affectueuse, dans laquelle il lui donnait le nom de fils adoptif.

Coultoub, de retour à Délhy, épousa la fille de Tagi, gouverneur persan du Kerman (l'ancienne Carmanie); mais il ne tarda pas à s'arracher d'auprès de sa jeune épouse pour opérer sa jonction avec Mohammed, qui venait de rentrer dans l'Indoustan. La province de Biara reçut un gouverneur musulman, et le fort de Goualior, réputé imprenable, capitula. Mohammed, avant de quitter l'Inde, en donna le gouvernement général à Coultoub, qui, l'année suivante (1197), soumit le Guzzerat et s'empara de Narwalla, sa capitale, de Collinger et de plusieurs autres villes.

Mohammed à Ghazna était moins heureux. Tandis qu'il se défendait avec peine contre le roi de Charazm, un omrah rebelle se rendait maître de Ghazna. Le fidèle Coultoub accourut; il repoussa les Gickens (1), peuplades sauvages qui habitaient les montagnes voisines des sources du Hilab, l'une des branches du Sindh, et qui marchaient au secours du rebelle ; puis il s'approcha de Ghazna, qu'il investit étroitement. Les habitants, qui craignaient d'être accusés d'avoir partagé la révolte en se soumettant au rebelle, se saisirent de sa personne, lui coupèrent la tête, et achetèrent ainsi le pardon de leur défection. Cependant Mohammed, avant de rentrer dans sa capitale, voulait se venger des Charazmiens et de leur roi, et, prenant avec lui toutes les troupes dont il pouvait disposer sans compromettre la sûreté de l'Indoustan, il se mit en route pour Ghazna; mais

(1) Les Gickens n'étaient pas moins courageux que féroces. Quand il leur naissait une fille, ils l'égorgeaient sans pitié, à moins que quelqu'un ne voulût s'en charger. Cet usage barbare rendait les femmes très-rares chez eux. Leur religion était conforme à leurs mœurs, ou pour mieux dire ils n'avaient pas de religion. On dit qu'un prisonnier musulman, devenu l'esclave du chef de la tribu, le convertit à l'islamisme, et que Mohammed envoya au nouveau converti de riches présents et des titres d'honneur qui achevèrent de l'affermir dans la foi du prophète. Ce chef, entraînant ses sujets par l'exemple, en fit des musulmans zélés.

il n'était pas encore sorti de l'Inde, que vingt assassins, conduits par la vengeance, lui arrachèrent la vie. Ils s'étaient introduits dans sa tente au moment où, livré au repos, il n'avait auprès de lui que deux esclaves sans armes (1205).

Il eut pour successeur son neveu, Mahmoud, prince faible, paresseux, indolent, tout livré à ses plaisirs. Pour n'avoir pas à mêler à ses jouissances le souci des affaires, Mahmoud donna le commandement de Ghazna à l'esclave Eldoze, confirma dans leurs charges les gouverneurs de Lahore et de Moultan, revêtit Coultoub des ornements royaux, et se retira dans la ville de Gaur, où il s'enferma dans son harem. Cette lâche conduite produisit les résultats qu'on pouvait en attendre. Les gouverneurs des provinces se rendirent indépendants, Eldoze se fit couronner à Ghazna, Coultoub consolida son pouvoir à Délhy. Ce dernier périt d'une chute de cheval (1210), laissant après lui une réputation méritée de science militaire, de bravoure et surtout de générosité. On a dit bien longtemps, quand on voulait faire l'éloge d'un homme libéral, *généreux comme Coultoub-oul-Dien*.

Aram, fils de Coultoub, mais peu digne de lui, ne fit que paraître sur le trône; il fut remplacé par Altoumsh son beau-frère, qui répondit pleinement aux espérances de ceux qui l'avaient choisi. Il était issu d'une noble famille tartare. Ses frères, jaloux des préférences qu'avait pour lui leur vieux père, l'entraînèrent un jour à la chasse, se saisirent de sa personne, et le vendirent à des marchands qui le revendirent au prince de Bokhara. Après la mort de son maître, il fut conduit à Délhy et vendu à Coultoub pour cinquante mille pièces d'argent. Les grandes qualités qu'il déploya contre les ennemis de son maître lui valurent sa faveur constante, et, après avoir passé par tous les grades militaires, il finit par devenir l'époux de sa fille. La cavalerie turque, excitée par quelques omrahs, s'était révoltée; elle fut battue et forcée de mettre bas les armes. Les omrahs rebelles, qui avaient survécu à leur défaite, furent envoyés au supplice. Eldoze de Ghazna, attaqué par Mohammed de Charazm et contraint, par la perte de plusieurs batailles, à se retirer dans son ancien gouvernement de Kirma ou Kerman, sur la frontière de l'Inde, tenta de se dédommager aux dépens de l'Indoustan. Altoumsh marcha contre lui, le vainquit, le fit prisonnier et l'enferma dans une forteresse, où il mourut, fort peu de temps après, de maladie ou de poison.

Un autre ennemi restait à combattre à l'actif et heureux Altoumsh; c'était Nassar-Eddin qui, déjà maître du Penjab et de Moultan, prétendait ajouter le Bengale à ses possessions. Nassar fut vaincu et forcé d'accepter la paix à des conditions non moins humiliantes que dures et onéreuses.

Mais, tandis que le roi de Délhy s'affermissait par des victoires, l'empire de Charazm, fondé sur les ruines de l'empire gauride, chancelait sur ses bases. Mohammed, vainqueur d'Eldoze, était parvenu au plus haut degré de puissance; sa prospérité l'enivra, et, parce qu'il n'avait pas encore été vaincu, il se crut invincible. Il méprisa le tartare Dgenghiz qui lui offrait son alliance, et Dgenghiz irrité marcha contre lui, traînant à sa suite plus de sept cent mille hommes, à ce que disent ses historiens (1218, de l'hégire 615). Poursuivi de contrée en contrée, malade et presque seul, Mohammed parvint sur les bords de la mer Caspienne, se jeta dans un navire et alla prendre terre dans une île inhabitée, située vers l'extrémité méridionale de cette mer. Là, au souvenir de ses grandeurs éclipsées, à l'aspect de ses misères, dévoré de soucis, de regrets et d'inquiétudes, sans courage et sans force contre l'adversité, il s'écria : « Malheureux ! de ce vaste empire qui s'étendait jusqu'aux sources du Sindh, te restera-t-il quelques pouces de terre où tu puisses mourir en paix ? » Ce fut dans cette humble retraite qu'au bout de quelques jours la mort vint le frapper. Ses restes furent inhumés sans pompe sur le sable du Riouge.

Mohammed eut pour successeur l'aîné de ses fils, Jélal-Eddin ou Jélal-oul-Dien, prince courageux, magnanime, doué de grandes qualités et d'une âme supérieure aux revers; il aurait relevé le trône de Charazm, si les destinées de cet empire n'eussent été déjà accomplies.

Dgenghiz n'avait pas jugé convenable de s'enfoncer dans l'Inde; il reprit la route du Candahar, ce qui laissa au prince de Charazm le temps de respirer et même de faire quelques conquêtes dans le Moultan et le Penjab; mais, contraint bientôt après de repasser le Sindh, il alla chercher un asile dans les montagnes voisines de Gaur; il fut assassiné par un traître trois ou quatre ans après; en lui s'éteignit la race royale de Charazm (1231).

Pendant que tous ces événements se passaient, Altoumsh ne perdait pas les occasions de s'agrandir que lui offrait la fortune. Il soumit successivement le Bengale, le pays d'Outch sur les bords du Sindh, le Sewalic, le Malva, et s'empara de plusieurs forteresses. On lui reproche comme un acte d'intolérance, et surtout de fausse politique, la destruction du magnifique temple de *Mahakali*, que les Indous avaient élevé depuis peu pour remplacer celui de Sumnaut, renversé par Mahmoud le ghaznevide. Il mourut deux ans après cette expédition; son règne avait été de vingt-six ans. Férose Ier, fils et successeur d'Altoumsh, se déchargea sur d'indignes favoris du fardeau des affaires; il fut déposé au bout de sept mois, et les omrahs offrirent la couronne à sa sœur Rizia, à qui la révolte ne tarda pas à la reprendre. Byram, Balin, l'un fils, l'autre gendre d'Altoumsh, montèrent successivement sur le trône; Balin fut contraint d'en descendre, pour le céder à Massoud, petit-fils de Férose.

Cependant plusieurs bandes de Tartares, qu'on désignait alors sous le nom de Mongols ou Mogols, pénétrèrent dans le Bengale par les frontières du Thibet. Les troupes de la province, renforcées par celles que Massoud envoya sans délai, marchèrent à leur rencontre et leur firent essuyer une déroute complète. Les Mogols reparurent l'année suivante, traversèrent le Sindh et investirent la ville d'Outch; mais, à l'approche de l'armée royale qui s'avançait, conduite par Massoud en personne, les Tartares levèrent le siége et regagnèrent leurs montagnes. Massoud, enivré de ce facile triomphe, crut avoir fait assez pour sa gloire, et il s'abandonna sans réserve à la débauche, au point de perdre entièrement la raison dans les excès fréquents auxquels il se livrait. Les omrahs, qui depuis longtemps vivaient dans l'habitude des révoltes, envoyèrent un message secret à Mahmoud, fils d'Altoumsh, que celui-ci avait désigné pour lui succéder, et qu'après la mort de ce prince ses frères avaient enfermé dans une prison. Les omrahs lui offraient la couronne; Mahmoud l'accepta. Le malheureux Massoud, déposé, saisi et emprisonné, disparut pour toujours de la scène du monde. Le nouveau souverain, proclamé avec pompe et accueilli par le peuple avec de vifs transports de joie, tâcha dès le premier jour de se montrer digne de sa fortune (1245). Le poste de vizir fut confié à Balin, frère cadet du gendre d'Altoumsh; et ce choix fut heureux, car, aux talents militaires, Balin joignait la science administrative; il avait par-dessus tout un fonds de probité inaltérable.

Tranquille possesseur du sceptre (1249), Mahmoud II épousa la fille de son vizir, et, en faveur de ce mariage, il donna le gouvernement d'Outch et de Nagore à ce même Balin, qui, après la mort d'Altoumsh, s'était emparé du trône, qu'il n'avait gardé qu'un seul jour. L'ambition ne s'était pas éteinte dans son cœur; il ne profita du bienfait que pour faire revivre ses prétentions. Mahmoud marcha contre lui. et les rebelles se dispersèrent. Balin, obligé de fuir et de se cacher, eut recours à la clémence royale; Mahmoud pardonna, mais il conçut contre son vizir un sentiment secret de méfiance, d'autant plus injuste que ce dernier le servait avec non moins d'affection que de fidélité.

Peu de temps après, les deux Balin furent disgraciés; l'aîné fut dépouillé de son gouvernement, le cadet de ses hautes fonctions. et le pouvoir remis aux mains d'un intrigant nommé Ziugani, qui se conduisit avec tant de partialité et montra tant d'ineptie dans l'art du gouvernement, qu'il excita un soulèvement général. Mahmoud fut contraint de céder au vœu de la nation; et Balin, réintégré dans le viziriat, ne se vengea de l'ingratitude de son maître qu'en lui rendant de nouveaux services. L'empire jouit pendant quelques années d'une paix profonde, qui ne fut momentanément troublée que par la révolte des Radjepouts. Balin marcha contre eux en personne; par leur position sur la frontière, ils pouvaient se donner la main avec les Mogols. Balin les força de se replier sur leurs montagnes; là il les poursuivit de place en place jusqu'à leurs derniers retranchements. Les Radjepouts, réduits au désespoir, se réunirent en une masse compacte et fondirent comme des furieux sur les musulmans. La bravoure et le génie de Balin décidèrent la victoire. Dix mille Radjepouts tombèrent sous le fer des vainqueurs; environ quinze mille, parmi lesquels on comptait, dit-on, quatre-vingt-dix radjahs, furent faits prisonniers et conduits à Délhy. La politique est rarement d'accord avec l'humanité chez les peuples de l'Orient : tous les soldats furent mis aux fers et vendus comme esclaves; tous les radjahs, tous les officiers subirent la mort (1259).

Depuis cette époque, jusqu'à la mort de Mahmoud, arrivée cinq ou six ans plus tard, la paix ne reçut plus d'atteinte, ce qui permit au souverain de s'occuper exclusivement de l'administration de l'État et de la prospérité publique. Mahmoud emporta les regrets de la nation (1265), et il les méritait, parce qu'il avait toujours montré pour ses sujets la tendre affection d'un père. Pour donner la mesure de son caractère, naturellement porté à la bienveillance, il suffit de rapporter le trait suivant. Un omrah qui se piquait de science, jetant un jour les yeux sur le coran de Mahmoud, indiqua un mot qu'il prétendait être impropre. Mahmoud sourit et fit une marque à ce mot. Quand l'omrah se fut retiré, il effaça la marque et restaura le mot en entier. Comme on lui demanda pour quel motif il agissait de la sorte: *Je savais*, répondit-il, *que le mot était bon*, *mais j'ai mieux aimé faire cette marque que d'affliger cet homme en lui démontrant son erreur*.

Mahmoud ne laissait pas d'enfants mâles; le choix des omrahs s'arrêta sur Balin; il fut proclamé empereur à l'unanimité. Balin était Turc d'origine. Pris par les Mogols de Dgenghiz, il fut vendu à un marchand qui l'alla revendre à Bagdad. L'acheteur, ayant appris qu'il était de la même tribu qu'Altoumsh et son proche parent, le conduisit à Délhy et en fit don au prince, qui lui donna une riche récompense.

Balin résista au conseil que lui donnaient les omrahs de porter la guerre dans le Maliva et le Guzzerat, anciennes conquêtes de Coultoub; il leur représenta que les Mogols étaient devenus si puissants dans le nord, que tous les princes musulmans avaient subi leur joug; qu'au lieu de s'occuper de guerres étrangères, il ne fallait songer qu'à augmenter les moyens de défense, afin de pouvoir repousser les Tartares s'ils tentaient d'envahir l'Indoustan. Ce qui était essentiel, c'était de faire rentrer dans l'obéissance le gouverneur du Bengale, et de purger la contrée voisine de Délhy de la tribu de Mervat, qui ne vivait que de vol et de pillage, et dont l'existence tolérée était une honte pour le pays. Le Bengale fut entièrement soumis en quelques jours; mais la guerre des Mervats dura plusieurs mois. On dit qu'il y périt près de cent mille Mervats. Toute la contrée fut mise en culture, et l'empire fut pour toujours délivré de ces brigands, qui, dans leurs incursions hardies, ne s'arrêtaient qu'aux portes de la capitale.

De retour à Délhy (1269), il reçut la fâcheuse nouvelle de la mort de Schère, neveu de son prédécesseur, et gouverneur de tout le Penjab. Ce prince, rempli de talents et de bravoure, avait constamment tenu ses frontières fermées aux Mogols; dès qu'ils eurent appris qu'il avait cessé de vivre, ils recommencèrent leurs incursions; mais Balin, qui ne voulait pas leur permettre de s'établir dans ses États, envoya contre eux une armée, et les Mogols furent repoussés.

L'Indoustan jouissait depuis dix ans des douceurs de la paix, lorsque Togril, gouverneur du Bengale, capitaine habile, mais ambitieux et plein d'audace, se fit proclamer roi par ses troupes.

Balin, qui ne pardonnait pas la révolte, parce que la révolte à ses yeux était le plus grand des crimes, envoya sur-le-champ l'ordre à Tiggi, gouverneur de la province d'Oude, de marcher contre le rebelle. Tiggi obéit et fut battu; une seconde armée sous les ordres de Tousmoutti, général turc, n'eut pas plus de bonheur. Balin résolut alors de marcher en personne. Togrîl n'attendit pas l'armée royale; il craignit qu'au moment de combattre contre leur souverain, ses troupes ne l'abandonnassent. Il prit la route de Joinagour, et Balin se mit à sa poursuite. Comme Togrîl avait plusieurs jours d'avance, Balin envoya sept mille cavaliers d'élite en avant, sous les ordres de Malleck, un de ses généraux, auquel il recommanda de ne rien négliger pour découvrir la retraite du rebelle. Malleck exécuta heureusement les ordres de son maître, et, trouvant les traces de Togrîl, il le suivit de près.

Un officier nommé Mohammed-Shir fut un jour chargé d'une reconnaissance; il avait quarante cavaliers. Informé par des bouviers qu'il avait rencontrés, conduisant un troupeau de bœufs, du lieu où Togrîl avait planté ses tentes, et comptant sur le courage de ses soldats, il forma le plus hardi projet qu'il fût possible de concevoir : il s'agissait de pénétrer dans le camp de Togrîl, d'arriver jusqu'à sa tente, de se saisir de sa personne ou de le tuer, et de jeter le désordre parmi ses troupes restées sans chef. Ce projet, qu'on pouvait appeler plus que téméraire, exécuté avec autant de sang-froid que de résolution, réussit complétement. La petite troupe s'était approchée du camp sans inspirer aucune méfiance. On la prit pour un parti qui venait de faire une reconnaissance; elle arriva sans obstacle à la tente royale, qui fut sur-le-champ renversée. Mohammed, le glaive à la main, s'écria d'une voix forte : « Victoire au sultan Balin! » Togrîl se crut surpris par l'armée ennemie, et, s'élançant sur un cheval sans selle, il prit la fuite. Un frère de Mohammed, nommé Malleck, l'aperçut et courut après lui. Togrîl, se voyant poursuivi, se jeta dans la rivière qui traverse la route de Joinagour; une flèche lancée d'une main sûre le fit tomber de cheval. Malleck entra dans l'eau, le saisit par les cheveux et lui coupa la tête. Cependant les cavaliers de Mohammed avaient jeté l'alarme au milieu du camp; mais ils auraient probablement succombé dans leur entreprise, si le détachement conduit par Malleck, guidé par les bouviers que Mohammed lui avait adressés, ne fût arrivé à temps pour augmenter le désordre et empêcher les soldats de Togrîl de se reconnaître. Dès ce moment la déroute fut générale.

La tête de Togrîl avait été envoyée à Balin, avec la nouvelle de l'heureuse mais incroyable témérité de Mohammed et de son frère. Balin entra le lendemain dans le camp de Togrîl et fit amener devant lui les deux frères, de la bouche desquels il voulut entendre le récit de ce qu'ils avaient fait. Il les écouta avec toute la surprise qu'un tel récit devait produire; mais, au lieu de leur donner les éloges auxquels ils s'attendaient, le roi les blâma de leur imprudence, qui non-seulement pouvait leur être funeste, mais encore donner à Togrîl les moyens de se sauver; toutefois, au bout de cinq ou six jours, il les combla d'honneurs et de distinctions.

Mohammed, le fils bien-aimé de Balin, avait été nommé gouverneur du Penjab; dès qu'il eut appris que son père était de retour à Délhy, il se hâta de se rendre à cette capitale pour le féliciter des nouvelles faveurs qu'il venait de recevoir de la fortune. L'apparition d'une armée mogole sur la rive droite du Sindh ne permit pas à Mohammed de faire à Délhy un long séjour. Il partit après avoir reçu les instructions du roi. Les Mogols furent battus et repoussés. Timur, de la famille de Dgenghiz (surnommé *Leng* parce qu'il était boiteux), alors maître du Khorassan et de la Perse orientale, prit aussitôt les armes pour venger les Mogols. Après avoir dévasté les environs de Lahore, il se porta sur le Moultan, où le fils de Balin achevait d'organiser son armée. Les Mogols se précipitèrent sur les musulmans avec une aveugle fureur; les musulmans, excités par l'exemple de leur prince, leur opposèrent une résistance contre laquelle s'usa toute leur ardeur. Ces derniers attendaient le moment où leurs ennemis, mettant moins de vigueur dans l'attaque, laisseraient présumer découragement ou faiblesse. Une charge exécutée à propos rompit les rangs des Mogols, qui prirent la fuite dans toutes les directions. Malheureusement le prince Mohammed, s'abandonnant à son courage, se mit à la poursuite des fuyards; une flèche dirigée par un destin ennemi vint le frapper au milieu de la poitrine; il expira au bout de cinq ou six minutes. Mohammed était l'idole des soldats; tous le pleurèrent comme un père. Il serait difficile de peindre la douleur du roi lorsqu'il reçut la fatale nouvelle; il touchait alors (1286) à sa quatre-vingtième année, et depuis ce moment il ne traîna plus que des jours languissants. Sentant sa fin prochaine, il appela près de lui son petit-fils Kei-Khosrou, fils de l'infortuné Mohammed, et le fit reconnaître en qualité de son successeur; il mourut presque immédiatement après cette cérémonie.

Balin avait donné une si haute opinion de sa justice et de sa sagesse, que presque tous les souverains de l'Asie recherchèrent son amitié. Sa cour était extrêmement brillante; outre tous les princes dépossédés par Dgenghiz ou par ses enfants, qui avaient trouvé près de lui un asile, on y voyait les hommes les plus remarquables de toute l'Inde Une académie nombreuse tenait ses séances dans le palais de Mohammed ; son frère Kéra, qui avait plus de goût pour les plaisirs que pour la science, réunissait dans le sien des danseurs, des musiciens, des histrions. Le souverain aimait la magnificence; sa garde à cheval, composée de mille nobles tartares, se distinguait par sa brillante armure ; ses chevaux, les plus beaux de l'Inde et de la Perse, avaient tous des brides d'argent et des housses brodées ; les éléphants étaient couverts d'étoffes de pourpre enrichies de lames d'or. Balin ne sortait jamais que précédé ou suivi d'un superbe cortége d'officiers de sa maison, de serviteurs à livrée, d'omrahs de tout rang. Ces derniers, réglant leur conduite sur celle du maître, rivalisaient tous de luxe et de pompe. Le goût de Balin pour les choses d'apparat ne l'empêchait pas d'ailleurs de bien choisir les hommes qu'il employait ; le mérite et la probité étaient auprès de lui un moyen de fortune ; le vice et l'incapacité étaient des titres certains à la disgrâce.

Les volontés de Balin avaient été respectées de son vivant ; il n'en fut pas de même après sa mort. Il avait désigné son petit-fils Khosrou pour lui succéder, et tous les omrahs avaient prêté en ses mains le serment de fidélité et d'obéissance; mais, sur la proposition du chef de la justice, Malleck, qu'on tenait généralement pour un homme plein de sagesse et d'expérience, et qui au fond cédait à l'impulsion d'une vieille haine qu'il avait conçue contre Mohammed, père du jeune prince, les omrahs placèrent sur le trône Kei-Kobad, fils de Kéra. Ce choix ne fut pas heureux, et Malleck eut le temps de se repentir de son ouvrage. Kei-Kobad avait reçu de la nature un goût immodéré pour les plaisirs; dès que ses penchants désordonnés furent connus, chacun l'imita; les sages règlements de Balin furent oubliés, et, la cour donnant l'exemple, Délhy ne fut plus qu'un lieu de débauches, où l'aspect de tous les excès devint le supplice des cœurs honnêtes. Le prince, pour n'être point troublé dans ses jouissances, fit bâtir un palais sur les bords de la Djumna, et alla s'y enfermer avec des baladins, des jongleurs, des musiciens et des bayadères. Il avait confié l'autorité à Nizam-oul-Dien, neveu du chef de la justice, Malleck. Nizam prévoyait qu'avec cette lâche conduite son maître ne conserverait pas longtemps le trône, et il conçut l'espérance d'y monter lui-même. Pour avoir moins d'obstacles à vaincre quand le moment serait venu, il se délivra par l'assassinat ou le poison de tous ceux qui auraient pu former des prétentions à la couronne. Khosrou, fils de Mohammed, fut sa première victime; les anciens serviteurs de Balin ne furent pas épargnés; et les mesures de Nizam étaient si bien prises, que personne ne le soupçonna d'être l'auteur de ces crimes; mais les assassinats continuant toujours, l'odieux secret finit par transpirer, et le vizir devint pour tous les musulmans un objet de terreur et d'exécration (1288).

Le prince Kéra, gouverneur du Bengale, instruit de ce qui se passait à Délhy, devina sans peine les projets du vizir; il fit auprès de son fils plusieurs tentatives pour lui ouvrir les yeux, mais l'adroit Nizam déjoua tous ses projets. Kéra reprit, triste et peu satisfait, le chemin du Bengale: *Il me semble,* dit-il à ses amis, *que j'ai pris congé aujourd'hui de mon fils et de son empire.* Cependant Kei-Kobad, assailli par une maladie cruelle, fruit de son intempérance, commença de comprendre que de tous ses ennemis le plus dangereux était son vizir, et dans ses longues heures d'insomnie il fit de sages projets de réforme. Il fallait d'abord éloigner de lui son ministre; il le nomma gouverneur du Moultan; mais Nizam, sous de vains prétextes, différait de jour en jour son départ. Alors quelques omrahs lui firent donner du poison; on prétend même qu'ils ne le firent que sur les ordres secrets de l'empereur(1), qui, à dater de ce moment, montra de bonnes intentions; mais il était trop tard; la Providence avait déjà marqué la fin de son règne et la chute de sa famille.

Parmi les ministres qui succédèrent à Nizam,

(1) Depuis quelque temps les rois de Délhy prenaient le titre d'empereur; cette innovation paraît due à Balin, qui aimait la représentation et le faste.

on distingua Malleck-Férose, chef de la tribu afghane de Chilligi. Il n'avait pas moins d'ambition que son prédécesseur, et l'état presque désespéré de Kei-Kobad pouvait en quelque sorte légitimer ses espérances. Kei-Kobad, déjà frappé de paralysie, n'avait probablement que peu de jours à vivre, et ne laissait pour lui succéder qu'un enfant de trois ans ; Férose pouvait donc penser que l'usurpation serait facile, et que le temps finirait par la sanctionner. La chose n'était pourtant pas sans difficulté. Il y avait à la solde de l'État un corps très-nombreux de Tartares, et ceux-ci, en leur qualité d'étrangers, dégagés de tous motifs particuliers d'affection ou de haine, embrassèrent avec ardeur la cause du jeune prince; ils le tirèrent du harem, le conduisirent à leur camp et le proclamèrent leur empereur. Les Chilligis, au contraire, coururent se ranger autour de Férose et le saluèrent du nom de roi. Au même instant, ses fils, tous d'une valeur éprouvée, choisirent cinq cents cavaliers déterminés, coururent au camp des Tartares, pénétrèrent jusqu'à la tente de l'enfant royal, se saisirent de sa personne, et, avec un bonheur égal à leur audace, rentrèrent au camp de Férose. Les Tartares avaient couru aux armes, le peuple se joignait à eux, la guerre civile allait éclater dans Délhy. Férose jugea la mort de Kei-Kobad nécessaire. Un Tartare vendu à Férose l'assomma d'un coup de massue. Aussitôt les Chilligis parcourent la ville, annonçant la mort de l'empereur; ils proclament leur nouveau souverain, et le peuple, frappé de stupeur, se soumet sans résistance. Le même jour Férose immole à sa sûreté le faible enfant, dernier rejeton de la race royale de Gaur (1).

(1) Les historiens persans et arabes ne sont pas d'accord sur l'origine des Chilligis. Les uns en font un peuple moderne; les autres, ce sont les Arabes, les font descendre directement de Chilligi, un des onze fils de Japhet. Rien n'est plus commun chez ce peuple que de telles généalogies. Ferischtâ, rejetant ces deux origines, se contente de dire que les Chilligis ont commencé de se montrer dès le temps de Soubouctagi et de son fils Mahmoud, et que, depuis cette époque, ils ont vécu dans les montagnes de Gaur et du Ghirgistan sur les confins de la Perse. Férose était déjà septuagénaire; l'âge n'avait encore éteint dans son cœur ni l'ambition ni l'audace.

CHAPITRE IV.

De la dynastie des Chilligis, de race afghane, jusqu'à l'invasion de Timur-Leng ou Tamerlan.

Férose avait débuté par des actes qui annonçaient une âme cruelle et sanguinaire, mais, comme s'il eût pris Balin pour modèle, à peine fut-il solidement assis sur le trône, qu'il ne se fit remarquer que par sa justice et par sa bonté. Toutefois Férose, qui regardait les habitants de Délhy comme légers et changeants, et qui ne comptait que fort peu sur leur fidélité, établit sa résidence à Kilogourri : c'était le palais que Kei-Kobad avait fait construire sur le bord de la Djumna; et, tout en l'embellissant de jardins et de constructions nouvelles, il en fit une forteresse d'où il pouvait braver l'inconstance des peuples. Les grands, qui partout cherchent à imiter le souverain, trouvèrent ce séjour préférable à celui de Délhy; ils bâtirent des palais autour du château impérial, et, dans très-peu de temps, ce lieu devint si brillant et surtout si peuplé, qu'il prit le nom de *Ville-Nouvelle.* D'un autre côté, les habitants, éprouvant tous les jours la douceur du gouvernement sous lequel ils vivaient, finirent par oublier la dynastie qui n'était plus, pour s'attacher à celle qui commençait. Enfin, soit par inclination, soit par politique, Férose protégea les savants et les poëtes de cette époque, qu'il combla de ses dons. Ceux-ci, en échange, comme c'est l'ordinaire, lui prodiguèrent des éloges pompeux, qui, à force d'être répétés, semblèrent l'expression naturelle de la vérité et de la justice.

Un neveu de Balin s'étant révolté dans la province dont il était gouverneur, et, se voyant soutenu par le nabab d'Oude, se fit proclamer roi. Férose envoya contre lui un de ses fils avec la cavalerie des Chilligis, qui excellaient à tirer de l'arc. Le rebelle fut défait complétement, et un grand nombre d'omrahs tombèrent aux mains des Chilligis, qui les chargèrent de fers et les envoyèrent à l'empereur. Celui-ci les fit délivrer sur-le-champ de leurs chaînes. Quelques jours après, le chef rebelle lui-même, trahi par ses officiers, fut présenté à Férose, et sa clémence ne se démentit point. Les Chilligis reprochaient à leur maître cette bonté, qu'ils appelaient imprudente. « Je suis vieux, mes amis, leur répondait Férose ; le tombeau m'attend; voulez-vous que j'y entre tout souillé de sang? »

Les omrahs, convaincus que la clémence du roi pouvait être fatale à l'État, formèrent le projet de le déposer et d'élire un de ses parents à sa place. Ils s'étaient réunis dans la maison de l'un d'eux, sous prétexte de célébrer quelque fête par un banquet. Ils ne commencèrent à délibérer qu'au moment où ils n'en étaient plus capables; il y en eut dont la tête s'était si fort exaltée par la boisson défendue, qu'ils ouvrirent l'avis d'assassiner Férose. L'un deux avait conservé sa raison; il s'échappa furtivement de la maison et courut avertir l'empereur, qui envoya sa garde saisir les coupables. Ils furent tous pris et amenés devant lui. Férose leur reprocha leur dessein criminel; tirant ensuite son épée, qu'il jeta au milieu d'eux : « Ne croyez pas, leur dit-il, que je veuille défendre contre vous ce reste de vie que vous voulez m'arracher! Voici mon sein, accourez, venez tous le frapper! » Les omrahs, confondus, se jetèrent aux pieds du souverain, qui accueillit les marques de leur repentir et pardonna.

Malgré ces dissensions domestiques qui troublaient son repos, Férose tenait d'une main ferme les rênes du gouvernement. Toutes les fois qu'un danger menaçait une partie de ses États, il marchait en personne à la tête de l'armée. Les Mogols menaçaient le Moultan. Leurs chefs, pour les exciter, leur promettaient le pillage; Férose marcha contre eux. La bataille fut longue et sanglante; mais à la fin la victoire se fixa sous les drapeaux de Férose. Le vainqueur offrit la paix aux vaincus; les Mogols l'acceptèrent avec reconnaissance. Trois mille d'entre eux, touchés de la générosité de Férose, se rendirent à son camp avec leur chef Houlacou, de la famille de Dgenghiz-Khan, pour le prier de les admettre au nombre de ses soldats. Férose les accueillit avec sa bienveillance accoutumée, et les amena à Délhy, où ils embrassèrent l'islamisme. Férose leur accorda un district voisin, où ils bâtirent une ville qui devint en peu de temps considérable et prit le nom de *Mogolpoura*. Houlacou obtint de plus pour épouse une des filles de l'empereur.

Férose avait donné à son neveu Alla-oul-Dien, qui était aussi son gendre, le gouvernement ou soubahbie de Kourrah, contrée limitrophe du Dékan. Jusqu'à cette époque, les habitants du Dékan n'avaient assisté que comme spectateurs aux révolutions qui avaient agité l'Indoustan; mais quand les tribus voisines du gouvernement d'Alla-oul-Dien eurent tenté d'envahir son territoire, Alla réunit ses troupes, passa la Nerbouddha, entra dans le pays ennemi, dévasta ses temples, brisa ses idoles, et fit un butin immense, dont une bonne partie fut envoyée à l'empereur; le reste servit de récompense aux soldats; Alla ne garda rien pour lui. Férose fut si satisfait de la conduite de son neveu, qu'il ajouta la soubahbie d'Oude à celle de Kourrah. Ce premier succès irrita l'ambition d'Alla, qui conçut le dessein de conquérir le Dékan. Il partit, pour l'exécuter, dès le commencement de l'année suivante (1294, de l'hégire 694). Une marche de deux mois l'amena sous les murs d'Elichpour, qu'il eut l'air d'investir pour attirer sur ce point l'attention des Indous; mais, levant soudain son camp pendant la nuit et franchissant rapidement les distances, il alla tomber à l'improviste sur Déoghir, capitale de Ramdéo, qui, ne pouvant défendre la ville, s'enferma dans la citadelle, dont le siége commença immédiatement. Alla n'avait avec lui que huit mille cavaliers, tous hommes de cœur comme lui-même. Il publia que sa troupe ne formait que l'avant-garde de l'armée impériale; et cette ruse eut tant de succès, que les radjahs voisins, au lieu d'accourir au secours de Ramdéo, allèrent s'enfermer dans leurs villes pour les mettre en état de défense. Ramdéo, se voyant ainsi abandonné, et conjecturant que l'intention de Férose était de soumettre toute la péninsule, crut prudent de faire sa paix particulière avant que le gros de l'armée musulmane arrivât. Il envoya un messager au chef ennemi pour lui offrir une somme considérable à titre de rançon, à condition qu'il effectuerait sans délai sa retraite.

L'offre fut acceptée par Alla; les conditions étaient déjà réglées, les livraisons faites et le payement accompli, lorsque le fils aîné de Ramdéo, qui avait pris la fuite à la première apparition d'Alla, se montra fièrement sous les murs de Déoghir. Il conduisait vingt-cinq mille soldats, et, d'un moment à l'autre, il attendait des renforts. Ramdéo lui fit dire que la paix était conclue, et lui envoya l'ordre de s'abstenir de toute hostilité. Le prince indou ne tint nul compte du message de son père, et écrivit au général ennemi une lettre arrogante et pleine de menaces. Alla, indigné, déchira la lettre en présence du messager qu'il renvoya, et, laissant mille chevaux devant la citadelle, sous les ordres de Malleck, pour la tenir investie, il marcha audacieusement à la rencontre des Indous. Le choc fut rude; mais les Indous opposèrent une résistance à laquelle Alla ne s'attendait pas. Ses soldats, épuisés de fatigue, étaient près de se laisser accabler par le nombre. En ce moment, Malleck, averti du danger que court l'armée, vole à son secours avec ses mille cavaliers, et, par une heureuse infraction aux ordres qu'il a reçus, il sauve les musulmans et met les Indous en fuite. Alla ne jugea pas à propos de les poursuivre; il reprit le chemin de Déoghir. Ramdéo, manquant de vivres et n'ayant plus l'espoir d'être secouru, dut souscrire aux conditions les plus dures. Il fut même obligé de faire aux musulmans la cession d'Elichpour et de son territoire.

Cependant Férose, qui depuis plusieurs mois ne savait point de nouvelles de son neveu, craignant quelque entreprise contre sa propre autorité ou quelque conspiration contre Alla, se mit à la tête d'un corps de cavalerie, et dirigea sa marche du côté de Kourra. Il apprit en chemin tout ce qu'Alla venait de faire, et il s'en réjouit, comptant que rien ne s'était fait que dans l'intérêt de l'empire. Plusieurs de ses officiers exprimèrent hautement une opinion contraire. Ahmed-Chip, l'un d'eux, parla des projets d'Alla comme s'il les eût connus. Férose, qui aimait son neveu et ne le croyait pas capable de trahison, se remit en route pour Délhy. Alla, que ses espions avaient instruit de tout ce qui s'était passé, écrivit à son oncle dans les termes les plus soumis; Férose lui répondit par des expressions de tendresse et de confiance. Alla, dès ce moment, marcha directement vers son but. Il s'agissait de s'emparer du trône, fallût-il immoler le noble vieillard qui lui avait tenu lieu de père. Pour mieux réussir, il attira son oncle dans le Bengale. Là, par une coupable série de ruses et d'infernales manœuvres, il isola son oncle de sa garde, de ses officiers, de la plus grande partie de ses serviteurs, et, au moment où Férose l'embrassait avec la plus vive affection, il donna le signal aux assassins. Au premier coup de poignard, le malheureux Férose s'écria : *Que fais-tu, traître?* Il ne put continuer; de nouveaux coups le renversèrent mort sur le rivage. Un des assassins lui coupa la tête; et cette tête auguste, placée au bout d'une lance, fut promenée dans le camp, aux cris répétés de : *Vive Alla, notre nouveau maître!*

La nouvelle de ce lâche assassinat se répandit bientôt dans tout l'Indoustan, et partout la confusion fut au comble. Toutefois Alla fut reçu dans Délhy sans opposition; des fêtes, des distributions d'argent et de vivres à la populace; des emplois, des titres d'honneur aux nobles et aux grands; de l'or à tous ceux qui voulurent se vendre, tels furent les moyens par lesquels Alla fit sanctionner son usnrpation. Au bout d'assez peu de temps, on avait oublié Férose et sa famille.

Les Mogols, qui ne perdaient aucune occasion d'envahir l'Indoustan, voulant profiter des troubles qui avaient suivi la mort de Férose, sortirent de la Transoxiane et pénétrèrent dans le Penjab. Élich, frère d'Alla, les rencontra près de Lahore, et après une lutte opiniâtre il obtint une victoire complète (1296). L'année suivante, le Guzzerat fut reconquis. Parmi les captifs on remarquait l'esclave Choja-Cafour; Alla le reçut à son service, et Cafour acquit bientôt une grande faveur. Les Mogols ne tardèrent pas à reparaître dans le

Penjab. Alla donna le commandement des troupes à Ziffer, qui passait pour le général le plus habile de son temps; et les Mogols furent complétement défaits. Cette victoire fit tant d'honneur à Ziffer, que l'orgueil jaloux d'Élich en fut blessé. Alla lui-même, prévenu par son frère, voulait ôter à son général le commandement dont il se montrait si digne; l'apparition d'une troisième armée mogole fit ajourner l'injustice.

L'armée mogole avait pour général Couttoulich, fils du roi de Maver-al-Nère. Elle était si nombreuse, que Ziffer, beaucoup plus faible, fut obligé de se replier sur Délhy, de sorte que Couttoulich arriva sans combattre aux portes mêmes de la capitale, chassant devant lui des flots de population. Alla ne perdit point de temps en négociations, comme le lui conseillaient quelques omrahs timides ou épouvantés; il sortit de Délhy avec toutes ses troupes, qu'il rangeait en bataille à mesure qu'elles entraient dans la plaine; il donna l'aile droite à Ziffer, l'aile gauche à Élich, et lui-même se mit au centre. L'action s'engagea par la droite, et en moins d'une heure Ziffer, rompant la ligne ennemie, la rejeta sur le centre qu'il prit en flanc, ce qui décida la victoire. Pour la rendre plus complète, il poursuivit les Mogols. Alla, témoin de ce beau succès, voulut le soutenir; il envoya l'ordre à Élich de seconder Ziffer de tout son pouvoir. Le jaloux Élich n'obéit qu'à demi; il arrêta sa troupe à très-peu de distance du champ de bataille, laissant Ziffer engagé à vingt-cinq milles plus loin; ce dernier succomba. On prétend que l'empereur ne fut point fâché de la mort de Ziffer, et il ne fit aucun reproche à Élich.

Alla, vainqueur des Mogols, aspirait à un nouveau genre de gloire; il voulut, comme Mahomet, être à la fois guerrier, législateur et prophète, donner à ses peuples une religion nouvelle et faire la conquête du monde entier; il se faisait même appeler *Secander II*. Le chef de la magistrature, que son grand âge et ses vastes connaissances rendaient très-respectable, fit renoncer Alla à son double dessein; mais comme il fallait à cette âme active l'occasion d'exercer ses facultés, il lui proposa de terminer la conquête de l'Inde en subjuguant la péninsule. L'empereur suivit ce conseil; il envoya une armée dans le midi, sous les ordres d'Élich et de son vizir Nouscrit. Ce dernier ayant été tué au siége de Rantampour, l'armée tomba dans un tel découragement, qu'Élich fut obligé de lever le siége. Alla voulut venger l'échec subi par ses armes, et en même temps aller au secours de son frère. Parvenu à Jilpont, à quelques lieues de Délhy, il fit halte pour laisser reposer les chevaux; il résolut même d'y passer la nuit et la journée du lendemain qu'il voulait employer à une partie de chasse. Dès que le jour parut, il monta sur une éminence avec quelques serviteurs, et il distribua ses chasseurs en plusieurs corps, qu'il envoya battre la campagne de tous côtés.

Il était resté presque seul. Akit, son neveu et son gendre, qui depuis longtemps nourrissait le désir d'usurper la couronne, aidé de quelques amis qui l'accompagnaient toujours, porta sur son oncle une main parricide; Alla fut laissé pour mort. Akit s'éloigna aussitôt, rentra dans le camp, s'achemina vers la tente impériale, monta sur le trône, et, de là, fit part de la mort de son chef. Comme il était le plus proche parent d'Alla, et que depuis longtemps on le regardait comme héritier présomptif du trône, il fut reconnu sans opposition par les omrahs et les soldats; le même jour la chotba fut récitée en son nom. Cependant Alla n'était pas mort, quoique grièvement blessé; après avoir repris ses sens, il banda lui-même ses blessures et se hâta de quitter ce lieu funeste. Il rencontra bientôt un groupe de chasseurs auxquels il raconta ce qui lui était arrivé; et comme il s'imaginait que son neveu n'avait agi que de concert avec les omrahs, il témoigna l'intention de se retirer auprès de son frère, qui avait rallié son corps d'armée à Jaïn. Les chasseurs combattirent cette résolution. Alla se dirigea donc vers le camp, faisant porter devant lui son étendard impérial (1), comme les chasseurs le lui avaient con-

(1) Étendard blanc qui, lorsqu'il était déployé, annonçait tou-

seillé. Akit prit la fuite; mais, poursuivi par un détachement de cavalerie, il fut arrêté et immédiatement mis à mort.

A peine l'empereur fut-il guéri de ses blessures (1300), qu'il partit pour Rantampour, jurant de la prendre; mais les Indous se défendirent avec beaucoup de courage. Alla, ne pouvant emporter la ville de force, en forma le blocus, espérant qu'il réduirait la garnison par la famine; mais cette place était abondamment pourvue de vivres, et déjà le blocus durait depuis plus d'un an, sans que rien n'annonçât que les assiégés souffrissent des privations d'aucun genre. Alla, qui avait juré de prendre cette place, ne voulait pas, disait-il, avoir juré en vain. Il fit fabriquer une immense quantité de sacs propres à contenir de la terre; puis, réunissant à ses troupes tous les paysans d'alentour, il fit remplir ces sacs de terre et de cailloux, et à force de temps et de peine on construisit avec ces fascines une longue chaussée qui, s'élevant progressivement, finit par atteindre le haut des remparts. Ce gigantesque ouvrage terminé, l'empereur ordonna l'assaut; la ville succomba; la garnison fut passée au fil de l'épée; beaucoup d'habitants eurent le même sort. Le radjah Amirdée et ses enfants ne furent pas épargnés; la ville fut livrée au pillage et à l'incendie.

jours la présence de l'empereur. La couleur, autrefois rouge, avait été changée par Férose.

De retour à Délhy, Alla, que les fréquentes révoltes de ses sujets avertissaient énergiquement du vice de son administration, voulant connaître les abus afin d'y porter un remède, convoqua un conseil général de tous ses ministres, auxquels il adjoignit les principaux omrahs, les généraux, les chefs d'administration, tous ceux enfin qu'il croyait capables de juger sainement des choses. Après d'assez longues discussions, on convint généralement que la source du mal se trouvait dans l'accumulation, sur la tête de quelques individus, de tous les emplois qui donnaient le pouvoir et le crédit; dans les alliances que contractaient entre elles deux familles déjà puissantes; dans la division trop inégale de la propriété foncière, laquelle plaçait toute la richesse territoriale dans un petit nombre de mains; enfin dans les pouvoirs illimités qu'on accordait aux gouverneurs de province. Quelques musulmans zélés se récrièrent contre l'usage immodéré du vin et des liqueurs spiritueuses. «Souvent, disaient-ils, on se réunit dans les cabarets sous prétexte de se livrer au plaisir, et pour l'ordinaire ces rassemblements ne se composent que de conspirateurs qui s'excitent au crime en buvant.» L'empereur, docile aux représentations qui lui furent faites, rendit plusieurs édits conformes à toutes les décisions prises dans le conseil, et il tint la main à leur exécution.

La guerre vint troubler ces paisibles occupations (1303). Les Mogols, toujours repoussés et toujours acharnés à la conquête d'un pays dont les grandes richesses tentaient leur avarice, se montrèrent pendant trois années consécutives dans le Penjab, mais il en périt un si grand nombre, qu'ils ne revinrent pas de longtemps. Alla tourna pour lors ses vues du côté de la péninsule. Il leva une armée de cent mille cavaliers, et en donna le commandement à son favori Cafour.

Les richesses que ce favori rapporta de ses diverses expéditions, et dont il fit hommage à son maître, excitèrent l'avidité d'Alla; il savait que l'intérieur de Dékhan renfermait d'inestimables trésors ; il forma le projet de s'en saisir. Ce fut encore Cafour qu'il investit du commandement des troupes (1310). Après une marche de trois mois, Cafour arriva aux frontières du Carnatit, dont le radjah, Béladéo, voulut lui disputer l'entrée. Le radjah fut battu et fait prisonnier; toutes ses villes ouvrirent leurs portes; plusieurs temples fameux furent livrés au pillage ; le butin fut immense ; on chargea plusieurs éléphants d'or, de perles et de pierreries. A l'aspect de tant de richesses, l'empereur ne fut pas maître de sa joie; il combla Cafour de caresses et d'honneurs; il fit de grandes libéralités aux omrahs, aux officiers de sa maison, aux savants, aux fakirs. Le peuple eut aussi part à ses largesses.

Tant de prospérités remplirent d'orgueil le cœur

d'Alla ; il devint despote. Heureusement les ressorts de son administration avaient été si bien réglés par lui-même, que son despotisme ne s'apercevait pas hors de son palais. La justice était sagement administrée, le bon ordre maintenu partout, l'agriculture honorée, le commerce protégé ; rien ne troublait la paix intérieure ; de toutes parts s'élevaient des monuments publics ; tout concourait pour assurer le bonheur des Indoùs. Cet état de choses ne souffrit quelque altération que lorsque Alla, voulant se livrer tout entier aux plaisirs, remit aux mains de son favori les rênes du gouvernement.

C'était un tyran qu'il donnait à ses peuples ; Cafour, qui prévoyait que l'empereur allait bientôt laisser le trône vacant, et qui depuis quelque temps avait conçu l'espérance d'y monter, devait, pour réussir, se défaire de tous ceux qui pourraient mettre obstacle à ses desseins. Il commença par rendre suspects le prince Chizer et son frère Shadi, qui furent enfermés dans la citadelle de Goualior. D'autres individus moins importants furent livrés aux bourreaux sous divers prétextes ; l'assassinat ou le poison atteignit ceux à qui l'on ne pouvait rien imputer. Ces excès produisirent la révolte. Tout le Dékhan se souleva ; le Guzzerat suivit cet exemple ; une armée envoyée par Cafour fut mise en déroute. En apprenant ces fâcheuses nouvelles, l'empereur fut saisi d'un accès de fureur qui fit empirer son mal de telle sorte, qu'il expira dans les convulsions d'une impuissante rage, après un règne de vingt ans (1316, de l'hégire 716).

Aussitôt après la mort d'Alla, Cafour assembla les omrahs et produisit un testament vrai ou supposé de l'empereur, qui désignait pour lui succéder Omar, le plus jeune de ses fils, âgé seulement de sept ans, et le désignait lui-même en qualité de régent. Cafour avait pris des précautions pour obtenir la majorité; Omar fut donc proclamé empereur sous la régence de Cafour. Les deux princes Chizer et Shadi furent privés de la vue. Moubarick, troisième fils d'Alla, condamné à subir le même traitement, gagna ses bourreaux et ses gardiens. Une conspiration se forma; Cafour fut immolé à la haine publique, et Moubarick élevé à l'empire.

Moubarick était d'un naturel sanguinaire et féroce; toutefois, pour acquérir quelque popularité, il distribua des grâces aux nobles, ouvrit les prisons aux détenus pour dettes ou pour simples contraventions, rappela tous les exilés, accorda une gratification à l'armée égale à six mois de paye, réduisit les impôts qui frappaient les basses classes; et, lorsque par ces moyens il crut avoir gagné l'affection de ses sujets, il s'adonna au vin, au jeu et à la débauche, n'interrompant ses orgies que pour donner des sentences de mort sur le plus léger prétexte. Ce fut dans un moment d'ivresse qu'il fit égorger ses deux frères, les princes Chizer et Shadi. Tous ces excès devaient amener une catastrophe. Il fut assassiné dans son palais. Chozrou, chef des conjurés, fut mis à sa place.

Chozrou ne signala son avénement que par d'atroces violences et des actes de cruelle injustice. Touglick-Ghazi, gouverneur de Lahore, célèbre par ses victoires sur les Mogols, arma contre lui. Chozrou, abandonné de tous, s'enfuit du champ de bataille et s'alla cacher dans un tombeau. On l'en arracha le lendemain pour le conduire au supplice. Quand Touglick-Ghazi entra dans Délhy, le peuple l'accueillit avec les plus vives acclamations de joie; il se pressait autour de lui, l'appelant son libérateur et son père; et comme il ne restait aucun prince de la famille royale, les omrahs, le peuple et l'armée le proclamèrent empereur de Délhy. Ghazi était d'origine patane par son père, mais il appartenait par sa mère à la tribu indoue des Jauts. Il répondit aux espérances qu'on avait conçues en le nommant, et ne négligea rien de ce qui fait la force et la prospérité des empires. Malheureusement son règne fut court. A son retour d'une expédition dans le Bengale, on le fit passer sous un arc de triomphe, que son fils Jonah avait fait ériger en avant d'Afghanpour, où il s'était rendu avec les principaux omrahs de Délhy. A peine Touglick fut-il arrivé à la place qui lui était destinée, que, la voûte venant à s'écrouler tout entière, il fut écrasé sous les débris.

Quelques historiens assurent que l'empereur mourut victime de l'ambition de son fils; l'accusation est grave et n'est pas bien prouvée; d'autres écrivains pensent que cet édifice construit à la hâte était peu solide, et que la chute de la voûte fut due à l'ébranlement des colonnes qui la supportaient, causé par le passage des éléphants.

Jonah monta sans opposition sur le trône et prit le nom de Mohammed III (1326, de l'hégire 727). Ce prince était, dit-on, rempli de connaissances, de mœurs austères, ennemi des plaisirs, zélé pour l'accomplissement de ses devoirs religieux; mais comme en toute occasion il se montra vindicatif, cruel et sanguinaire, on prétend que ses vertus ne furent que de l'hypocrisie, et ce qui rend cette opinion très-plausible, c'est qu'après un règne désastreux de vingt-sept ans, il mourut détesté de tous ses sujets, dont il avait été le fléau.

Dans une de ses parties de chasse il était arrivé à Déoghir, et la situation de cette ville lui avait tant plu, qu'il résolut d'y transférer sans délai le siége de son empire. Le conseil des omrahs, qu'il n'avait convoqués que pour la forme, émit l'opinion que, si l'on devait s'éloigner de Delhy, il fallait s'établir à Oujein, ville plus centrale et dont la position offrait beaucoup d'avantages. Mohammed fut seul de son avis, et il y persista; il voulut qu'à dater de ce jour cette ville portât le nom de *Dowlut-Abad*, (ville fortunée). L'obéissance était ici d'autant plus pénible, que pour la plupart des habitants le déplacement était la ruine. Peu de temps après, pour prévenir la révolte dont il était menacé, Mohammed déclara qu'il fixait de nouveau à Délhy sa résidence, et permit à chacun d'y entrer; les habitants accoururent en foule, mais au bout de deux ans un ordre nouveau, plus rigoureux encore que le premier, les arracha pour la seconde fois à leurs foyers. Toute la contrée située entre le Gange et la Djumna se souleva; les habitants, écrasés par les impôts, brûlèrent leurs maisons et se sauvèrent dans les montagnes. L'empereur envoya contre eux des troupes qui les pousuivirent; presque tous ces malheureux périrent par le fer des soldats ou par l'excès de leur misère. Les habitants de Dowlut-Abad n'étaient pas moins à plaindre; Mohammed craignit de les pousser au désespoir; il leur permit encore de retourner à Délhy. La famine les attendait sur la route. La moitié d'entre eux ne revirent pas leur patrie (1340). Mohammed parut alors touché des maux qu'il avait causés; il tenta de les réparer; il fit des distributions au peuple; mais son naturel féroce ne tarda pas à se montrer de nouveau, et les persécutions recommencèrent.

Mohammed III joignait à ses habitudes de cruauté,

que ses historiens appellent *démence furieuse*, beaucoup de zèle pour l'observation des pratiques religieuses. Un de ses généraux révolté contre lui s'était réfugié à Talta, aux bouches du Sindh. Mohammed, quoique malade, voulut se mettre à sa poursuite en personne. Arrivé à vingt lieues de Talta, il fit faire halte à l'armée, pour laisser passer les premiers jours du mois de moharram; et, comme il se piquait d'être religieux observateur de la loi, il se soumit au jeûne prescrit; mais, lorsqu'il le rompit, il mangea du poisson avec tant d'excès qu'il fut saisi par la fièvre. On lui conseillait de se coucher; mais, au lieu de suivre cet avis, il fit encore ce jour-là douze ou quinze lieues. Il ne put aller plus loin et expira sur le bord de l'Indus (1351, de l'hégire 782), laissant son cousin Férose pour héritier de la couronne.

Férose eut assez d'obstacles à vaincre avant de monter sur le trône. Les Mogols qui servaient dans l'armée voulaient piller le trésor impérial et s'en retourner dans leur pays. Les omrahs formaient deux partis, dont l'un était opposé à Férose; mais ces deux partis se réunirent, parce que l'un et l'autre craignaient les Mogols. Férose n'eut pas été plutôt proclamé, qu'il marcha vers Délhy, où un vieux parent de Mohammed, nommé Jéhan, avait soulevé la populace en faveur d'un enfant qu'il disait être fils de l'empereur défunt. Férose négocia au lieu de combattre, et tous les habitants de la capitale, de même que le vizir, les ministres et les principaux omrahs, se déclarèrent pour lui. Jéhan prit alors le parti de se soumettre, et Férose III, en entrant dans la ville, recueillit les preuves du dévouement naissant des habitants, qui concevaient l'espérance d'un règne prospère, sous lequel ils oublieraient la longue oppression qu'ils avaient soufferte. Férose répondit à leur attente, et s'il eut peu de succès à la guerre, s'il aima mieux souvent souscrire à des conditions peu avantageuses pour conserver la paix, que de faire couler dans les combats le sang musulman, il eut une autre gloire : il défricha des terres incultes, construisit des villes et des forteresses, forma des établissements utiles, fonda des écoles, répara le désordre des finances, et ces paisibles conquêtes de l'art, de l'industrie et de la sagesse, valaient plus à ses yeux que les lauriers sanglants des batailles.

Les soins que l'empereur donnait à l'administration de ses États ne l'empêchaient pas, quand il le fallait, de se mettre à la tête des armées. Après avoir construit une forteresse pour protéger la province de Sirhind, qu'il avait fertilisée en creusant un rocher pour y amener un courant d'eau, il se dirigea vers Naugracut, pour soumettre au tribut les radjahs de la contrée, qui depuis longtemps s'y étaient soustraits ; la ville ouvrit ses portes, et les radjahs se soumirent. De Naugracut

Férose conduisit son armée dans le Guzzerat, où la révolte avait de nouveau éclaté. Il poursuivit les rebelles jusqu'à Talta, leur dernière retraite, força la ville à se rendre, et usa de clémence envers les vaincus. L'Indoustan jouit ensuite, pendant plusieurs années, d'une paix non interrompue. L'empereur, parvenu à une grande vieillesse, souffrant des infirmités qu'elle amène, et chaque jour moins capable de soutenir le fardeau des affaires, abdiqua en faveur de son fils, Mohammed IV, qui prit en main, sur-le-champ, les rênes de l'État (1387, de l'hégire 789). Par malheur, ce prince, entièrement livré à ses penchants désordonnés, se montra indigne de la couronne. Les omrahs se liguèrent contre lui, et la révolte éclata dans le sein même de la capitale. Mohammed, effrayé, envoya des parlementaires, que les rebelles ne voulurent pas entendre; il fallut combattre, et le sang coula dans la ville pendant quarante-huit heures. Le troisième jour, les rebelles, désespérant de triompher par la force, se rendirent au palais de Férose, le placèrent sur un palanquin et le portèrent au milieu de la plus forte mêlée. Dès que les soldats de Mohammed virent leur ancien maître, ils passèrent tous dans les rangs ennemis. Mohammed, resté presque seul, chercha son salut dans la fuite; et aussitôt qu'il se fut éloigné, les deux partis jurèrent la paix devant le vieil empereur, et tout rentra dans l'ordre. Cependant Férose, dont les infirmités s'étaient encore accrues, assembla le conseil des omrahs, et d'après leur avis il confia le timon de l'État à Touglick, son petit-fils. Férose mourut nonagénaire, très-peu de temps après cette révolution. Il ne laissait pas la réputation d'un grand capitaine, mais une foule de monuments élevés par ses soins restèrent après lui pour attester qu'il s'était occupé du bonheur du peuple.

Touglick II tomba dans les mêmes excès qui avaient perdu son oncle; ils eurent pour lui un résultat plus funeste encore, il fut assassiné après cinq mois de règne; Mohammed s'était retiré à Méwat; il avait des amis, il mit des troupes sur pied, et marcha sur la capitale. Après quelques tentatives infructueuses, Mohammed entra dans Délhy et reprit possession du trône, mais il n'en jouit pas paisiblement. Les esclaves, qui avaient puissamment contribué à sa restauration, ne recevant pas le prix de leurs services, se révoltèrent; plusieurs provinces s'insurgèrent; les Mahrattes se montrèrent sur les terres de l'empire; les esclaves se réunirent en corps d'armée; les Gickers envahirent le Penjab: et l'empereur triompha des rebelles, chassa les Mahrattes, dissipa le parti des esclaves, repoussa les Gickers; mais, dans ces fatigues continuelles, sa santé, déjà faible, s'altéra vite. Un second accès du mal qui avait déjà mis ses jours en péril ne tarda pas à se déclarer. Mohammed succomba au bout de quelques heures; son règne n'avait duré qu'environ six ans (1393).

Son fils Houmaïoun ne fit que paraître sur le trône: une maladie aiguë, contre laquelle échoua tout l'art des médecins, l'emporta le quarante-cinquième jour de son règne. Les omrahs mirent la couronne sur la tête d'un jeune enfant, fils de Mohammed, sous le nom de Mahmoud III. Ce choix ne pouvait convenir à l'empire, qui, depuis longtemps sous le déclin, aurait eu besoin d'une main ferme et habile, capable d'empêcher sa chute. Le vizir Jéhan, parti avec une armée pour faire rentrer dans l'obéissance les radjahs du Bengale, se fit proclamer *roi de l'Orient*. Saring, qui gouvernait les provinces sindhiques, les détacha de l'empire; Eckbal, son frère, régnait sous le nom de Mahmoud; des troubles sans cesse renaissants faisaient de la capitale une sanglante arène, où toutes les ambitions, cherchant à se satisfaire, armèrent les habitants les uns contre les autres. Mahmoud régnait à Délhy; le prince Nousérit, petit-fils de Férose, élu d'une faction, régnait à Férose-Abad. Ainsi deux princes rivaux résidèrent dans la même ville (1), exerçant à la fois l'autorité suprême et ne s'en servant que pour ordonner le meurtre et la dévastation. Pendant trois ans que dura cet état de choses, des milliers de victimes teignirent

(1) Férose-Abad faisait partie de la capitale.

de leur sang les rues et les places publiques. Le cours de la justice était interrompu, les impôts ne se payaient plus, l'anarchie était au comble. Chaque canton, chaque ville aspirait à l'indépendance; tout semblait concourir pour produire une terrible catastrophe; les Tartares amenèrent ce dénouement.

Des flots de peuple, descendant des rives du Sindh, fuyant devant les Tartares qui s'avançaient le fer et la flamme à la main, apportèrent à Délhy la triste nouvelle que le fameux Timur Leng avait franchi les frontières, qu'il conduisait une armée formidable et qu'il annonçait l'intention de conquérir l'Indoustan.

CHAPITRE V.

Invasion de Timur-Leng. — Chute de la dynastie des Chilligis.

Timur faisait la guerre pour satisfaire une passion dominante : il aimait les armes comme un autre eût aimé le plaisir. Un champ de bataille valait plus à ses yeux que le plus beau palais, et les lauriers arrosés du sang des vaincus flattaient plus ses goûts que toutes les jouissances du luxe. Destitué de grandes vues politiques, il faisait consister la gloire à subjuguer les plus grands potentats, à traîner leur sceptre dans la poussière, à forcer tous les hommes de fléchir et de ramper devant lui ; car il avait plus d'orgueil que d'ambition, et il songeait beaucoup moins à consolider sa domination qu'à l'étendre, faisant des conquêtes pour une vaine satisfaction, sans aucune intention de les garder, se mettant peu en peine de ce que deviendrait après lui son empire, et voulant seulement avoir pour lui-même le plus vaste empire du monde. Il avait conquis toute l'Asie centrale; il lui restait à soumettre la Chine, mais il n'y voulait arriver qu'à travers l'Indoustan. Dès qu'il eut franchi les trois premières branches du Sindh, il campa sur les bords du Choule (Chellum ou Jallali, l'ancien Hydaspe); une armée musulmane s'avança pour repousser l'invasion. Après un engagement assez vif, vaincue par le nombre, elle offrit de se rendre, et Timur accorda des conditions assez douces.

Le prince tartare continua sa route vers la capitale de l'empire, laissant partout du sang et des ruines pour traces de son passage. En sortant de Panniput, Timur donna l'ordre aux soldats de se couvrir de leur armure de bataille, espèce de cotte de mailles ou plutôt de justaucorps fait de plusieurs doubles d'étoffe de coton piqués avec soin; trois jours après on fut en vue de Délhy. Timur fit dévaster les environs de la ville par ses généraux, et, sur l'avis qui lui fut donné que l'empereur de Délhy se disposait à lui livrer bataille, il fit égorger tous les prisonniers qu'il avait faits depuis le passage du Sindh. Il n'y avait alors dans la ville que cinquante mille hommes de troupes régulières, et toutes les routes étaient si bien gardées par les Tartares, qu'aucun secours ne pouvait y parvenir. Malgré ce désavantage, Malloukhar, général de Mahmoud, se décida à tenter la fortune des armes; il comptait sur les éléphants de guerre et sur le corps de vétérans qu'il avait formé. Les éléphants, tous de la plus haute taille, étaient couverts de cuirasses de métal, et leurs défenses portaient des lances dont la pointe était empoisonnée. Les vétérans lançaient des espèces de fusées armées de dards très-aigus. L'engagement commença sur les ailes, et en peu d'instants les troupes de Délhy furent enfoncées. Le centre opposa quelque résistance, mais, entraîné par la déroute des ailes, il se replia sur la ville, où les vaincus s'enfermèrent. L'empereur se sauva dans la nuit, et, peu d'instants après, le vizir Eckbal s'évada d'un côté opposé. Les habitants, livrés à eux-mêmes, ne se sentirent ni la volonté ni la force de résister ; ils envoyèrent à Timur des parlementaires pour lui demander la paix aux conditions qu'il voudrait leur imposer. Timur accepta leur offre de soumission, promit aux habitants protection et sûreté, moyennant une taxe de guerre qui serait payée dans le délai qu'il détermina.

Il paraît que les percepteurs nommés pour lever cette contribution usèrent de moyens si violents, que quelques habitants, poussés à bout, se réunirent en armes et tuèrent plusieurs agents. Timur n'avait pas encore quitté son camp, où il célébrait sa victoire, comme c'était l'usage des

Tartares, par des fêtes et des banquets. On vint lui rendre compte de ce qui était arrivé, et, transporté de colère, il donna l'ordre de mettre la ville au pillage. Les habitants voulurent défendre leurs propriétés, et les soldats furieux les passèrent au fil de l'épée. Le massacre dura plusieurs heures; les cadavres encombrèrent les rues; plusieurs édifices furent renversés, d'autres livrés aux flammes. Timur passa quinze jours environ au milieu des ruines fumantes de la capitale; mais d'autres conquêtes s'offrant à son imagination, il donna brusquement l'ordre du départ. Arrivé devant Toglock, sur le bord du Gange, Timur vit sur la rive opposée une armée indoue disposée à lui disputer le passage; il se jeta aussitôt dans le fleuve, suivi de mille cavaliers, et cette petite troupe, que son courage et l'habileté de son chef rendaient invincible, suffit pour forcer les Indous à la retraite. Il les poursuivit de près, et arriva derrière eux aux roches de Koupèle, d'où le Gange tombe dans l'Indoustan par une large ouverture qu'on appelle la *Tête de la Vache* (1). Il y trouva une armée non moins nombreuse que celle qu'il venait de mettre en fuite. Il fut encore vainqueur, mais il courut les plus grands dangers, parce qu'emporté par son

(1) Les Indous ont donné ce nom à ce lieu parce qu'ils croient voir quelque ressemblance entre la forme des rochers et celle d'une tête de vache. Les Indous ont la plus grande vénération pour cet animal.

courage, il attaqua les Indous avec sa seule avant-garde. De là il se dirigea vers Lahore, à travers les hautes chaînes des monts Servalick.

Impatient de revoir Samarcand, Timur ne fit point de séjour à Lahore. En passant à Gebban, sur la frontière du Kaschmir, il reçut l'hommage de Secander-Khan, prince de cette contrée; Timur, flatté de cette démarche, lui remit une grande partie du tribut qui lui avait été d'abord imposé; après quoi, chargé des dépouilles de l'Indoustan et suivi des éléphants de Mahmoud, il continua sa route vers sa capitale, où il arriva dans les premiers jours du mois de mai, après une absence de dix mois.

Le départ de Timur fit revivre toutes les ambitions que sa présence avait contenues. Mahmoud ne conserva qu'un vain titre; Eckbal était venu reprendre, sous le nom de ce prince, l'exercice de l'autorité; mais cette autorité, malgré ses efforts, ne s'étendait guère au delà de l'enceinte de la ville; il fut tué dans une expédition qu'il entreprit contre Chizer. Chaja-Jéhan s'était emparé de Canouje, de Kourrah, d'Oude et de Déhampour; il se faisait appeler *roi de l'Orient.* Par imitation, Azim, maître de tout le Guzzerat, s'intitulait *roi de l'Occident.* Chizer avait été investi par Timur du gouvernement des provinces du nord; plusieurs autres contrées, telles que Sammara, Biana, Mahoba, avaient des souverains particuliers.

Après la mort d'Eckbal (1404), le commandant de la garnison, Doulat-Lodi, envoya des exprès à Canouje, où Mahmoud s'était retiré depuis quelque temps, pour se soustraire à la tyrannie de son ministre; ils en ramenèrent ce prince, que les habitants de Délhy reçurent avec joie; mais Canouje tomba au pouvoir d'Ibrahim, roi de l'Est (1407, de l'hégire 810). Bientôt même l'empereur dut craindre pour la ville impériale, que Chizer vint assiéger. Tout présageait la chute prochaine de Mahmoud; la fortune combattit pour lui. Une horrible disette qui se mit dans le camp de Chizer le força d'abandonner le siége. Mahmoud ne jouit pas longtemps de son bonheur. Saisi par la fièvre à la suite d'une partie de chasse, il succomba au bout de quelques jours, après avoir régné vingt ans, sans autorité et sans gloire; aussi peu fait, dit Férischtà, pour l'époque à laquelle il vivait, qu'il était peu digne lui-même de vivre en des temps meilleurs. En lui s'éteignit la dynastie afghane des Chilligis, fondée par Férose.

Chizer ne tarda pas à reparaître avec une armée; il renversa le fantôme d'empereur qu'on avait élu et se mit en possession de l'autorité, mais il ne voulut ni du titre d'empereur ni des ornements impériaux; dans son adroite politique, il donnait à entendre qu'il ne possédait que pour Sharosk, fils et successeur de Timur. Puissamment secondé par son vizir, il parvint à pacifier l'intérieur, à soumettre plusieurs radjahs au tribut, à faire rentrer quelques soubahs dans le devoir, à repousser les Turcs qui avaient envahi la province de Shiring. Cela n'empêcha pas quelques omrahs mécontents de conspirer contre sa vie. Chizer, averti du complot, donna une grande fête à laquelle tous les conjurés devaient se trouver. A peine furent-ils entrés dans la salle du festin, que la garde impériale fondit sur eux et les massacra tous jusqu'au dernier. Chizer, ainsi délivré de ses ennemis, tourna ses armes contre les gouverneurs de Goualior et d'Attava, et sa marche à travers le Guzzerat ne fut qu'une suite de triomphes; la mort en arrêta le cours (1421, de l'hégire 824). Son règne ne fut que de sept ans et demi. Il eut pour successeur Moubarick II, son fils aîné, qui se fit appeler *soutien de la religion et père des victorieux*. Moubarick ne goûta pas tranquillement les douceurs du pouvoir suprême. Pendant treize ans que dura son règne, il eut constamment à combattre la révolte dans l'intérieur, les Mogols et les Gickers au dehors. Par lui-même ou par ses généraux, Moubarick triomphait de tous ses ennemis. Malheureusement ce prince, jaloux de toute espèce de gloire, commit des injustices envers ses meilleurs serviteurs. Il força son vizir Sourour-al-Moulouck à partager son autorité avec un collègue; et dès ce moment Sourrour, jusque-là dévoué et fidèle, ne respira que haine et vengeance. Moubarick fut assassiné dans une mosquée, où il était entré sans escorte (1433, de l'hégire 837).

Le vizir avait fait avertir secrètement Mohammed, petit-fils de Chizer, de se tenir prêt à monter sur le trône; et la possession d'un trône a tant d'attraits, que Mohammed ne rougit pas de devoir son élévation à un crime dont il devenait complice. Mohammed V, jeune et sans expérience, se montra peu digne de la couronne; aussi les gouverneurs des provinces, le voyant courir à sa perte, ne songèrent qu'à pourvoir à leur sûreté personnelle dans leurs gouvernements. Le gouverneur de Shirind, Béloli, s'empara pour son compte de Lahore et de Devalpour; et, comme il était audacieux, entreprenant et doué de talents militaires, il devint très-puissant, et son autorité fut sans bornes. Quand il se sentit assez fort pour jeter le masque, il partit de Lahore (1442, de l'hégire 846) dans l'intention d'aller investir l'empereur dans sa capitale. Quand un peuple est livré à lui-même, c'est-à-dire quand l'intrigue n'excite pas les passions de la multitude, et que l'or d'un ambitieux n'achète point les désordres publics en soudoyant la révolte et la trahison, il conserve autant par habitude que par instinct le sentiment de fidélité qui le lie au gouvernement établi. Mohammed n'était pas aimé, et son ennemi s'avançait, précédé d'une brillante renommée; toutefois les habitants de Délhy s'armèrent pour la défense du souverain, qui n'avait aucun titre à leur affection, contre celui qu'ils auraient préféré si le choix eût été dans leurs mains. Après quelques mois d'un blocus inutile, Béloli se retira, mais il ne fit qu'ajourner ses prétentions. Mohammed, d'une santé languissante, que ses longues traverses avaient encore affaiblie, semblait marcher à grands pas vers la tombe. Les prévisions de Béloli étaient fondées; Mohammed tomba malade et mourut (1446, de l'hégire 850); mais la nation n'était pas encore disposée à recevoir Béloli pour maître; elle proclama solennellement le fils aîné du défunt sous le nom d'Alla II. Celui-ci parut d'abord annoncer plus de vigueur que son père; mais il montra bientôt encore plus de faiblesse, ce qui excita un mécontentement général.

Béloli, qui tâchait de l'augmenter pour faire naître le désordre, parut une seconde fois en armes sous les murs de la ville (1447); et, comme il voulait seulement sonder l'esprit public, il ne fit aucune tentative sérieuse d'attaque. Les courtisans du prince accusèrent le vizir (1), et, après avoir arraché au faible Alla un ordre d'emprisonnement, ils en obtinrent encore une sentence de mort. Le frère du vizir, instruit du danger qui menaçait sa vie, assembla ses amis, força les portes de la prison, mit Hissam en liberté, et

(1) Hissam, qui avait succédé à Sourour.

se rendit avec lui à Délhy; des messagers envoyés à Béloli l'invitèrent à venir prendre possession du trône. Alla perdit le temps à consulter les astrologues; Hissam l'employa à se mettre en état de braver ses ressentiments, Béloli à marcher sur Délhy avec des troupes choisies. Alla, qui n'avait pas le courage de se défendre, demanda seulement qu'on lui laissât Boudaoun, ne fût-ce qu'à titre de fief relevant de l'empire. Béloli lui accorda sa demande et prit en échange possession du trône. Alla vécut trente ans encore dans la retraite qu'il s'était choisie, et sa résignation ne se démentit pas; mais, s'il faut en croire ses historiens, ce fut plus par indolence que par vertu; pour se livrer à ses goûts, plus que pour jouir de lui-même dans un heureux éloignement des grandeurs.

CHAPITRE VI.

Du règne de Béloli, fondateur de la dynastie afghane de Lodi. — Première expédition des Portugais. — Apparition de Baber, sultan de Caboul.

Les premiers pas de Béloli dans la carrière du pouvoir furent marqués par l'ingratitude; il fit emprisonner le vizir Hissam, auquel il devait l'empire; mais telle était la politique de ce temps de troubles et de révolutions; et soit que Hissam mît à un trop haut prix ses services, soit que Béloli fût persuadé que celui qui trahit son prince pour se donner à un nouveau maître ne mérite aucune confiance, Hissam alla terminer ses jours dans la captivité. Si de telles rigueurs pouvaient être justifiées par l'exemple ou légitimées par la nécessité, les apologies pour Béloli se trouveraient à chaque page dans l'histoire des peuples d'Orient. Le besoin de ces mesures violentes est un des premiers fruits du despotisme.

Mahmoud, successeur d'Ibrahim, roi de l'Orient, et après lui ses descendants tentèrent, sans succès, de disputer à Béloli la couronne impériale (1451, de l'hégire 855), et comme l'attention de l'empereur devait se partager entre les ennemis du dedans et ceux du dehors, il ne put guère que se tenir sur la défensive. Mais lorsqu'enfin, vainqueur de tous les rebelles, il eut une armée nombreuse et des soldats dévoués, il réunit toutes ses forces pour les employer contre ces implacables ennemis. La lutte fut vive et acharnée; le talent et la fortune de Béloli l'emportèrent. Parvenu à un âge très-avancé, et sentant que sa fin n'était pas éloignée (1488, de l'hégire 894), il voulut régler le droit de ses enfants à sa succession, et, consultant plus l'affection paternelle que l'intérêt de l'État, il partagea ses domaines entre eux.

Les omrahs furent peu satisfaits des désignations que Béloli avait faites; plusieurs partis se formèrent. Nizam, prince brave, actif, politique et rusé, obtint les suffrages du plus grand nombre; il prit, suivant la recommandation de son père, le nom de Secunder. Le nouvel empereur eut à soutenir d'abord la guerre contre son frère Allum, qu'il vainquit et fit prisonnier, et lorsqu'Allum s'attendait à être traité comme on traite en Orient les prétendants au trône, Secunder le reçut dans ses bras et lui donna le gouvernement d'Attara; il dut ensuite se défendre contre Barbec, son frère aîné, qui non-seulement refusait de faire hommage de son gouvernement, mais qui voulait encore lui ravir la couronne, qu'il prétendait lui appartenir par droit de naissance. Barbec ne fut pas plus heureux qu'Allum, mais, comme Allum, il éprouva la clémence, de son frère, qui maître de sa personne, l'accueillit avec tendresse et lui rendit son gouvernement (1494).

Tandis que l'empereur rendait ainsi au trône de Délhy une partie de son ancien lustre, une puissance exotique, transplantée dans l'Inde, s'enracinait sur la côte de Malabar, et, faisant d'un comptoir de commerce une ville forte et populeuse (1498, de l'hégire 1004), posait les fondements d'un empire qui devait en quelques années parvenir au plus haut point de splendeur, et, entrant ensuite dans les voies rapides de la décadence, laisser à peine, au bout d'un siècle, de faibles souvenirs de sa brillante mais courte existence.

Jean II, roi de Portugal, avait envoyé Covillan en Afrique, pour faire des découvertes. Covillan s'embarqua sur le golfe d'Arabie avec les marchands qui faisaient le voyage de l'Inde. Le commerce de toute la côte occidentale de la péninsule le remplit d'étonnement; de retour à Lisbonne, en

1489, il rendit compte au roi de ce qu'il avait vu. Ce prince aperçut d'un coup d'œil les avantages que ce commerce pouvait produire : il offrit une grande récompense à quiconque trouverait le moyen d'arriver aux Indes par mer. Diaz et l'Infant entreprirent leur voyage en 1493; mais, arrivés au Cap, ils furent assaillis par la tempête et ne purent le doubler. Diaz ne ramena que deux hommes de son expédition; le roi ne laissa pas de l'accueillir favorablement; il donna le nom de Bonne-Espérance au cap que Diaz avait appelé *des Tourmentes*. Emmanuel, successeur de Jean II, équipa trois grands navires, dont il confia le commandement à Vasco de Gama, et celui-ci, après avoir surmonté bien des dangers, arriva sur la côte de Malabar, à la rade de Calicut par une navigation d'environ onze mois. Calicut était alors le chef-lieu d'un petit État tributaire de celui de Viznagour. Le souverain, que les Portugais ont désigné par le nom de *Samorin*, et dont le véritable nom était *Tamoury*, appartenait à la caste des Naïrs ou Guevriers; il fit un accueil favorable à Gama, mais il y avait déjà dans le pays beaucoup de musulmans venus de l'Arabie ou de l'Afrique, ennemis naturels des chrétiens, lesquels, ne voyant en eux que d'ambitieux rivaux qui venaient prendre part au riche commerce dont ils avaient eu jusque-là le monopole, remplirent l'âme du souverain d'inquiétude et de soupçon. Gama regagna promptement ses vaisseaux ; de là, il écrivit au prince pour lui dénoncer la basse jalousie des musulmans. « Si j'étais votre ennemi, ajoutait-il en finissant, je n'aurais qu'un ordre à donner, et dans quelques heures je réduirais votre ville en cendres. » Cette lettre amena de la part de Samorin des explications satisfaisantes ; un traité de commerce fut conclu, et Gama en partant chargea ses vaisseaux des denrées et des marchandises les plus précieuses de l'Inde. Excité à de nouvelles entreprises par le succès obtenu par Gama, Emmanuel équipa une flotte qu'il mit sous les ordres de Capralès.

Celui-ci éprouva des avaries, mais il arriva devant Calicut avec des forces capables d'imposer au prince, qui demanda le maintien de la paix. Capralès sanctionna le traité précédent, mais il exigea la cession d'un lambeau de terrain pour y fonder un comptoir avec le droit d'y arborer l'étendard portugais. Ce comptoir s'éleva en fort peu de temps ; mais le facteur Correa, trompé par deux marchands maures, saisit deux bâtiments indiens. Cette mesure excita au plus haut point le ressentiment des Indous, qui investirent le comptoir, en forcèrent l'entrée et massacrèrent cinquante Portugais sur soixante-cinq qui s'y trouvaient. Capralès tira de cette insulte une vengeance éclatante. Treize bâtiments qui étaient dans le port furent coulés à fond ; les équipages mis à la chaîne;

la ville et ses environs canonnés pendant deux jours ; sept à huit cents habitants, qu'écrasa la chute de leurs maisons, immolés aux mânes des Portugais ; ceux que les ruines ou les boulets n'atteignirent pas, contraints de fuir dans la campagne. Après cette sanglante expédition, Capralès fit voile au sud et alla prendre terre à Cochin, à trente lieues environ de Calicut. Le radjah Trimumpara, ennemi de Samorin, rechercha l'alliance des Portugais dans l'espoir qu'ils pourraient être un jour ses auxiliaires. Capralès composa de poivre, d'épicerie et d'autres denrées de ce genre la cargaison de ses vaisseaux. Au moment de son départ, le radjah de Cochin et ceux de Coulan et de Cananor le prièrent de recevoir les trois ambassadeurs qu'ils envoyaient au roi de Portugal. Ce fut durant sa traversée que Capralès découvrit l'île ou plutôt le rocher de Sainte-Hélène.

Dès que Samorin eut été informé du départ des Portugais, il équipa quarante navires qu'il chargea de soldats, et qu'il dirigea sur Cochin. Heureusement il y avait sur le rivage quatre vaisseaux portugais, qui étaient arrivés de Lisbonne quatre ou cinq jours avant le départ de l'amiral. Jean Calléca, qui commandait ces vaisseaux, n'attendit pas que les soldats de Samorin l'attaquassent; il brûla ou coula à fond plusieurs bâtiments ennemis. Presqu'au même instant arrivait d'Europe une flotte marchande de vingt bâtiments, conduite par Gama : la déroute de la flotte de Samorin fut complète. Samorin, battu sur mer, ne perdit point courage, et, avec une armée nombreuse, il envahit le territoire de Cochin, qu'il ravagea; la ville elle-même fut prise et livrée aux flammes. Les affaires changèrent promptement de face à l'arrivée de François et d'Alphonse Albuquerque. Ils avaient sous leurs ordres dix vaisseaux bien équipés et portant des troupes de débarquement. François reprit tous les postes dont Samorin s'était emparé, et tailla en pièces les garnisons qu'il y avait mises; une flotte nouvelle, de cinquante voiles, fut dispersée et détruite, et le radjah Trimumpara rentra dans sa capitale. Pour prix du service qu'il venait de lui rendre, et sous prétexte de le protéger contre le roi de Calicut, Albuquerque obtint du radjah la faculté de construire une forteresse. Le confiant radjah, qui ne sentait pas toutes les conséquences de la concession qu'il faisait, fournit des matériaux et des ouvriers, et Alphonse, qui arriva peu de jours après avec sa troupe, fit mettre la main à l'œuvre à ses soldats, de telle sorte que cette forteresse fut terminée en très-peu de temps. « Elle était si bien située, dit l'historien Dasfaria, qu'elle commandait la ville, le palais et tous les environs, et si bien pourvue de remparts, de fossés et d'ouvrages extérieurs, que tout le pouvoir des Indous n'aurait pas suffi pour la prendre. » Les Portugais regardèrent la construction de cette forteresse comme une prise de possession du pays, et, à compter de ce moment, ils agirent si bien en maîtres et en despotes, que les Indous les comparaient aux Tartares de Timur. Le roi de Calicut demanda la paix; on la lui vendit à un très-haut prix. L'Indou céda malgré lui à la nécessité; il espérait que le départ d'Albuquerque lui fournirait quelque occasion de s'indemniser de ses pertes; mais l'officier que les frères Albuquerque avaient laissé à Cochin se défendit avec tant de courage, de talent, de constance et de bonheur qu'il força le roi de Calicut à la retraite.

Ces succès soutenus faisaient regarder les Portugais comme invincibles, aussi les Indous cessèrent-ils de s'opposer à leurs entreprises. Les Portugais profitèrent du sentiment de crainte qu'ils inspiraient pour bâtir en divers lieux de la côte des forteresses et des factoreries. Les Européens, de même que les Maures, voyaient d'un œil jaloux ce système de domination que les Portugais ne prenaient plus la peine de dissimuler; mais la fortune à cette époque favorisait ouvertement ces derniers. De son côté, Emmanuel, en qui chaque succès augmentait le désir d'en obtenir de plus grands, fit partir une flotte de treize vaisseaux et de six caravelles sous les ordres de François d'Améida, comte d'Abrantès; celui-ci, chargé d'instructions secrètes pour la construction de plusieurs forteresses, avait reçu le titre de gouverneur-général de l'Inde, avec la faculté de l'échanger contre celui de vice-roi dès qu'il aurait affermi son pouvoir. Le roi l'autorisa même à former une garde particulière de cent hommes pour sa personne. Alméida ne pouvait arriver plus à propos; une flotte de douze grands vaisseaux avait été envoyée par le sultan d'Égypte au secours de Samorin. Cette flotte, dont les Vénitiens avaient fourni les matériaux, s'était accrue de plusieurs vaisseaux de guerre arabes et de ceux de Samorin; elle croisait sur la côte occidentale. Alméida la rencontra devant Diu, et l'engagement eut lieu immédiatement. Les musulmans se battirent avec beaucoup d'acharnement, mais la discipline et la tactique l'emportèrent sur la valeur fougueuse. La flotte combinée fut totalement dispersée. Alméida alla jouir à Cananor des douceurs du triomphe; ce fut là qu'il prit le titre de vice-roi. Il n'en jouit pas bien longtemps; Emmanuel, qui craignait l'esprit entreprenant d'Alméida, lui envoya un successeur dans la personne d'Alphonse Albuquerque, supprima le titre de vice-roi, et le rappela lui-même en Europe.

Vers le même temps (1509, de l'hégire 915), l'amiral Siqueira reconnut l'île de Ceylan, traversa le golfe de Bengale, prit terre à la pointe de Sumaha, fit alliance avec les petits rois de la côte, poussa jusqu'à la presqu'île de Malaca, et partit directement de là pour l'Europe. Le départ de l'amiral, que son affection pour Alméida rendait ennemi d'Albuquerque, diminuait considérablement pour celui-ci les moyens de continuer la guerre; aussi échoua-t-il dans sa tentative contre Calicut. Ce fut au retour de cette expédition qu'il conçut le dessein de prendre Goa, qui appartenait au radjah du Dékhan, d'y former un établissement que tous les efforts des princes du Dékhan et du Guzzerat ne pourraient détruire, et de fermer ensuite aux Égyptiens et aux Arabes les routes de l'Inde. Le Guzzerat était alors au pouvoir de Bahadour; le Dékhan obéissait en partie à Mahmoud-Shah, qui avait laissé usurper la plus grande partie de ses États par un de ses généraux, nommé Adil-Vhah. Sur toute la côte occidentale, il n'existait pas de poste plus avantageux que Goa; les Portugais s'en emparèrent (1510); Adil reprit sur eux cette place aussitôt qu'Albuquerque se fut éloigné; mais Adil s'éloignant à son tour pour repousser une invasion, Albuquerque reparut devant Goa, s'en rendit maître une seconde fois, et en fit le siége du gouvernement. La seconde partie de projet d'Albuquerque était d'une exécution plus difficile; il s'agissait de priver les marchands arabes et maures des ports qu'ils fréquentaient le plus : c'étaient Aden sur la côte de l'Arabie, Ormuz à l'entrée du golfe Persique, et Malaca dans la presqu'île de ce nom. Il commença par Malaca, qui se soumit; de là il partit pour les îles Moluques, fertiles en épiceries, et, pour y établir la domination portugaise, il construisit un fort à Ternate. Pendant son absence, Adil-Shah revint assiéger Goa, qu'il contraignit bientôt à capituler. Albuquerque à son retour la prit par un hardi coup de main. Après avoir approvisionné cette place et augmenté sa garnison, il partit pour son expédition d'Aden; mais cette ville avait de bonnes fortifications et une garnison nombreuse : il ajourna son projet. Plus heureux à Ormuz, il se rendit maître de la ville, qu'il mit en état de défense, y laissa une garnison suffisante, et parvint, sinon à fermer le passage aux vaisseaux ennemis, du moins à le gêner et à le rendre très-dangereux.

L'empereur Secunder régnait toujours à Délhy avec bonheur et même avec gloire. Il avait passé plusieurs années dans le repos qu'il avait conquis par ses victoires. Ensuite, charmé de la situation d'Agra, il avait déclaré cette ville capitale de l'empire, laissant toutefois à Délhy ses habitants, ses édifices, son commerce. La translation dans Agra n'avait eu lieu que pour lui-même et pour ses ministres. Toutefois depuis cette époque l'ancienne capitale commença à déchoir, et quoique le siége impérial y eût été réintégré par la suite, la ville ne put jamais remonter à l'état de splendeur d'où elle était descendue. Les dernières années de Secunder n'offrent pas d'événements importants. Il faisait d'immenses préparatifs pour le siége de Goualior, quand la mort vint le frapper dans la vingt-neuvième année de son règne. Il eut pour successeur (1516, de l'hégire 922) son fils Ibrahim, qui aurait pu devenir le plus puissant prince de l'Asie s'il eût suivi les traces de son père, et qui se rendit odieux par son insupportable orgueil. « Un roi, disait-il, ne doit avoir ni amis, ni parents ; il n'a besoin que d'esclaves ; » et cette maxime, que le despotisme le plus révoltant n'oserait avouer, fut la règle de sa conduite. Aussi perdit-il promptement l'affection du peuple et des omrahs, et il se forma une faction puissante en faveur de son frère Jellal. Après une lutte de deux ou trois ans, Jellal tomba aux mains de l'empereur, qui le fit périr. Un grand nombre d'omrahs eurent le même sort. Ce sang, versé sur les échafauds ou par le fer des assassins, fit germer de nouvelles haines. La tribu de Lodi surtout, tribu nombreuse et puissante, avait conçu contre lui de vifs ressentiments, parce qu'il l'avait dépouillée de ses priviléges. C'était cependant cette tribu qu'il aurait dû surtout ménager, car elle seule pouvait, en réunissant ses forces, le défendre contre l'ennemi qui depuis quelques années méditait sa ruine. Cet ennemi, c'était Baber, sultan de Caboul, descendant de Timurleng par son père Abouraïd, arrière-petit-fils du conquérant tartare. Forcé de renoncer au trône de la Tartarie, il s'était retiré dans le Caboul, d'où ses yeux, constamment attachés sur le Sindh, semblaient chercher un passage à travers ce fleuve, limite de l'Indoustan. Après la mort de Secunder, il compta sur l'inexpérience de son successeur non moins que sur le mécontentement des Lodis, dont il comptait se faire des alliés.

La première irruption de Baber dans l'Inde remonte à l'époque où l'empereur fit assassiner son frère. Il passa le Nilab (1) et soumit quelques cantons de la rive gauche; ensuite il tourna ses armes contre les Gockers, qui, malgré leur vive résistance, furent obligés de subir le joug; deux expéditions nouvelles n'eurent pas plus de succès. Le Caboul, de nouveau menacé d'invasion, réclamait sa présence. Convaincu alors qu'avant de s'engager dans une guerre lointaine, il devait, par quelque exemple frappant, obliger ses voisins à respecter ses États en son absence, il porta la guerre dans la Kandahar, et après trois ans d'une lutte opiniâtre, le Kandahar devint province mogole. Cette conquête était à peine terminée, que Baber reçut de Dowlat, soubah de Lahore (1524, de l'hégire 930), une invitation pressante de lui envoyer des secours, et même de tenter la conquête de

(1) C'est la première et la principale des cinq rivières du Penjab, dont la réunion forme le Sindh.

l'Indoustan. Baber se mit sur-le-champ en marche avec une armée d'élite, et arriva sans opposition jusqu'à une demi-journée de Lahore. Trois omrahs, ennemis d'Ibrahim, mais fidèles à leur pays, avaient levé des troupes pour s'opposer à la marche des étrangers, mais la fortune, qui rarement est juste dans la distribution de ses faveurs, donna la victoire à Baber. Lahore se rendit immédiatement au vainqueur. Le soubah Dowlat se joignit à Baber à Dévalpour, que les Mogols venaient de prendre d'assaut. Baber repartit ensuite pour le Caboul (1524, de l'hégire 931) afin de faire de nouvelles levées. Il avait donné le gouvernement de Lahore à un frère d'Ibrahim, Alla, que l'ambition et la jalousie avaient jeté dans les rangs ennemis. Attaqué par Dowlat, il s'enfuit à Caboul, mais il en revint l'année suivante avec quelques troupes, que Baber lui avait confiées. Alla apportait l'ordre, pour tous les gouverneurs et officiers mogols, de le joindre avec leurs troupes et de marcher avec lui sur Délhy. Dowlat écrivit alors à Alla, pour lui offrir de coopérer au succès de son entreprise, ne désirant pas autre chose que son avénement au trône. Ibrahim vint à la rencontre de son frère, et il fut battu; les vainqueurs, au lieu de poursuivre leur victoire, s'occupèrent uniquement de piller le camp des vaincus. Ibrahim, qui avait rallié ses troupes, profita de cette faute, et prenant ses meilleurs soldats et ses éléphants, il fondit avec

écrit de Délhy pour lui offrir de se joindre à lui dès qu'il se montrerait sous les murs de la ville. Cette offre avait contribué sans doute à le déterminer. Sa marche n'éprouva pas d'obstacle avant d'arriver à Férorabad. Le gouverneur de cette ville, sachant que Baber n'avait avec lui que dix mille hommes, réunit toutes les troupes de son gouvernement et se posta sur la route des Mogols, afin d'avoir seul l'honneur de les vaincre. Baber n'envoya contre lui qu'un détachement sous les ordres de son jeune fils Houmaïoun. Les impériaux furent culbutés. Deux jours après un général d'Ibrahim, suivi de trois mille Patans, se rendit au camp de Baber, pour lui offrir ses services qui furent acceptés. Cependant Ibrahim était sorti de Délhy avec une armée formidable; et son avant-garde, de vingt-sept mille chevaux, se trouvait à peu de distance. Baber détacha son aile droite et chargea Timur, qui la commandait, d'attaquer et de disperser cette avant-garde; le surlendemain cet ordre était exécuté. Les vainqueurs ramenèrent au camp un grand nombre de prisonniers. Baber donna l'ordre de les mettre à mort; il obéit, dit-on, à une politique barbare, mais nécessaire; il s'agissait de frapper l'ennemi de terreur.

Baber continua sa marche victorieuse; Ibrahim, ivre de vengeance, précipita la sienne. Les deux armées se rencontrèrent dans les plaines de

Pannipat, célèbres dans l'Inde par les batailles qui s'y sont livrées. Ibrahim avait cent mille cavaliers et mille éléphants; Baber, treize mille, les Patans compris ; le premier, ignorant complétement l'art de la guerre, le second, nourri dans les camps, capitaine habile, fécond en ressources et formé à la victoire par une longue habitude. Toutefois, Ibrahim, ne manquait pas de courage, car, voyant ses troupes repoussées et ses soldats tomber sous le fer des Mogols, il chargea en personne à la tête de ses meilleurs soldats, et, dans son désespoir, il s'exposa tellement au danger, qu'il y succomba. Dès ce moment la victoire ne fut pas douteuse, et les troupes impériales s'enfuirent dans tous les sens. Ainsi périt l'empire afghan de Délhy ; si par la suite des princes de cette race tentèrent de le relever, leurs efforts ne produisirent qu'un fantôme de monarchie sans solidité, sans durée, qui ne servit qu'à donner plus d'éclat à la puissance mogole.

CHAPITRE VII.

Du règne de Baber, fondateur de la dynastie mogole, et des révolutions qui suivirent sa mort. — Seconde dynastie patane. — Rétablissement de Houmaïoun, fils de Baber.

Baber méritait de vaincre, car il savait profiter de la victoire. L'expérience lui avait appris que dans les premiers moments de consternation et de douleur qui saisissent les peuples après un revers, ils sont peu capables de se défendre, et il voulait qu'en se réveillant de l'état de stupeur où les plongeait la mort d'Ibrahim, les Indous se trouvassent déjà sous le joug. Il fit donc partir son fils Houmaïoun pour Agra, et son cousin Mohammed pour Délhy, afin de prendre à la fois possession des deux capitales. Le château d'Agra voulut opposer quelque résistance; mais la terreur des armes mogoles dominait tellement les esprits, qu'au bout de quelques heures la garnison demanda à capituler. Baber prit immédiatement possession du palais impérial ; il y trouva la mère d'Ibrahim, qu'il combla d'égards, comme vingt siècles plus tôt Alexandre avait fait envers la mère de Darius. D'immenses richesses tombèrent entre ses mains ; il n'en garda rien ou presque rien pour lui, mais il les répandit sur ses officiers, ses soldats, et les omrahs qui parurent se dévouer à sa cause ou ceux qu'il voulait y attacher. Le peuple indou eut aussi part à ses largesses, mais il réserva une partie de ce butin pour ses sujets du Caboul, afin de les engager à venir près de lui. Ses conseillers blâmaient ses profusions ; ils lui donnèrent même le surnom de *Callinder* (1) ; il leur répondait : « Je tiens de mon aïeul Timur l'or, l'argent, les pierreries ; je les aime pour les donner, non pour les garder ou les enfouir. »

Les Patans, qui, sous le règne d'Ibrahim, possédaient encore plusieurs gouvernements et qui les avaient conservés, ne voulant pas subir le joug des Mogols qu'ils détestaient, se liguèrent par des traités secrets, élurent un chef auquel ils attribuèrent le titre de sultan, et se rendirent de toutes parts en armes à Canouje, lieu assigné

(1) Nom d'une secte de musulmans qui ne songent jamais au lendemain, disant qu'Al.ah y pourvoira.

pour rendez-vous. Les trois mille Patans qui avaient joint Baber avant la bataille de Panniput entrèrent dans la confédération et désertèrent avec leurs armes. On conseillait fortement à Baber de reprendre la route de Caboul : « Voulez-vous, répliqua l'intrépide Baber, que, cédant à la peur du mal, j'abandonne un royaume que j'ai conquis au péril de ma vie ? Mon sort est de régner dans l'Inde ou d'y périr ; il faut qu'il s'accomplisse. S'il en est parmi vous qui, préférant leur sûreté personnelle à la gloire et la vie à l'honneur, veuillent retourner à Caboul, qu'ils s'en aillent en paix, je ne les retiens pas. Je ne veux auprès de moi que ceux qui mettent l'honneur et la gloire avant tout. » Exaltés jusqu'à l'enthousiasme par cette courte mais énergique allocution, tous les Mogols s'écrièrent qu'ils mourraient tous jusqu'au dernier plutôt que de l'abandonner. Quand on sut dans Agra ce qui venait de se passer, plusieurs omrahs qui s'étaient tenus jusque-là dans l'éloignement vinrent offrir leurs services à leur nouveau maître. Quelques-uns amenèrent des troupes. Baber envoya sans délai son fils à Canouje, pour dissiper le rassemblement des Patans, qui s'y trouvaient déjà au nombre de cinquante mille ; mais, à la première nouvelle de l'approche des Mogols, ils se replièrent en désordre sur Jéhanpour. Les Mogols firent beaucoup de prisonniers ; parmi eux se trouvait Fati, l'ancien vizir d'Ibrahim. Il fut si touché de l'accueil bienveillant d'Houmaïoun, qu'il jura de se vouer au service de son père. Baber le réintégra dans sa charge, et la conduite de Fati justifia la confiance de Baber. Beaucoup d'Afghans, entraînés par cet exemple, embrassèrent la même cause. Plusieurs gouverneurs de ville et de forteresse les imitèrent; et d'un autre côté, Houmaïoun, qui avait poursuivi les Afghans, après les avoir battus partout où ils s'étaient présentés, finit par les assiéger dans leur place d'armes. A l'aspect des préparatifs d'un assaut, ils demandèrent à capituler (1526, de l'hégire 933).

Cependant les Afghans n'avaient point perdu l'espérance ; mais ils sentaient que le chef qu'ils s'étaient donné n'inspirait aucun intérêt à la nation, dont le concours était pourtant nécessaire. Alors ils élurent Mahmoud, fils de Secunder, et à ce nom encore cher aux Indous, cent mille cavaliers accoururent sous les drapeaux. Comme l'année précédente, les généraux mogols étaient d'avis de laisser une forte garnison dans Agra, et de se retirer dans le Penjab, d'où l'on pourrait aisément recruter l'armée par les levées du Caboul. Ce conseil était sage sans doute ; Baber le trouva timide, et parut plus que jamais décidé à tenir tête à l'orage. Il n'y avait pas de temps à perdre ; les Patans s'étaient mis en marche, Baber alla courageusement à leur rencontre. Baber avait à lutter contre le nombre, mais il avait pour lui l'excellente discipline de ses troupes, leur confiance en lui, leur bravoure indomptable et son génie. La bataille dura cinq heures; elle se termina par la déroute générale des Patans. Cette seconde victoire consolida le pouvoir de Baber, qui prit alors le titre d'empereur de l'Inde et reçut de ses sujets le surnom de *Ghazi*, victorieux. La plupart des gouverneurs de place, voyant que la fortune s'était tout à fait déclarée en faveur des Mogols, se soumirent volontairement.

La santé de Baber commençait à décliner; il était sujet à une maladie périodique dont les accès assez fréquents l'affaiblissaient de jour en jour. Depuis plusieurs mois l'art des médecins prolongeait son existence, mais lui-même ne se faisait pas illusion; il appela auprès de lui les omrahs, ses généraux, ses ministres, désigna Houmaïoun pour son successeur, et le fit reconnaître en cette qualité. Il expira peu de jours après. Ses restes furent transportés à Caboul, comme il l'avait recommandé. Baber fut incontestablement un des plus grands hommes de son siècle; il rehaussa par ses qualités privées ses vertus publiques : humain, clément jusqu'à la faiblesse, généreux et quelquefois même prodigue, ami et protecteur des peuples; brave jusqu'à la témérité, constant dans la mauvaise fortune, actif, prévoyant au jour de bataille; sans présomption, sans orgueil après la victoire; ami des sciences, lui-même écrivain poli et judicieux; attaché à sa religion sans fanatisme; il eut tout ce qui forme le guerrier, le monarque, l'administrateur, le simple citoyen. Il appartenait à la secte des hanifites, et passait pour très-versé dans leurs doctrines. Les hanifites sont les philosophes de l'islamisme; ils suivent dans leurs jugements les lumières de la raison, et désapprouvent les pratiques extérieures, qui, selon eux, ne peuvent remplacer le véritable culte, celui de l'esprit et du cœur. Ils tolèrent pourtant dans les autres ce qu'ils rejettent pour eux-mêmes. Baber n'était pas seulement instruit dans les matières religieuses, il avait encore des connaissances très-variées, et il relevait tous ces avantages par une très-belle écriture, ce qui était de son temps un fort grand mérite. C'est à Baber que sont dues les premières mesures itinéraires régulières de l'Indoustan; il ne traversait pas une contrée, n'allait pas d'une ville à l'autre sans avoir des arpenteurs et des géomètres chargés de lever les plans de tous les lieux remarquables, et principalement de déterminer les distances d'un lieu à l'autre.

Houmaïoun, par son goût pour les lettres, son instruction, ses vertus publiques et privées, sa bravoure personnelle, était digne de monter sur le trône que Baber avait occupé; mais la fortune, inconstante et légère, ne le traita pas aussi bien; ces faveurs mêmes devaient rendre plus douloureux dans la suite le sentiment de ses misères. Pendant huit ans on le vit, victorieux et clément, apaiser les révoltes et pardonner aux coupables, repousser les invasions ennemies, faire la conquête du Guzzerat, soumettre au tribut les radjahs du Khandez, subjuguer la province d'Oude, envahir le Bengale. A peine avait-il franchi les limites de cette contrée, qu'il apprit la révolte de son frère Hindal (1539, de l'hégire 946), et, peu de jours après, celle de Camiran, son plus jeune frère, qui, de même qu'Hindal, formait des prétentions au trône. Pour comble de disgrâce, une épidémie cruelle se déclara dans le camp mogol, et l'afghan Schère-khan, qui avait réuni une armée, fit tomber l'empereur dans un piége adroitement tendu, et, profitant de la confiance qu'il avait inspirée, surprit les Mogols pendant la nuit et les massacra presque tous; l'empereur lui-même ne se sauva qu'avec beaucoup de difficulté.

L'empereur ne perdit point courage, il recomposa une armée pour l'opposer aux Afghans que Schère conduisait dans la capitale. Au moment où l'action allait s'engager, un parent de l'empereur passa sous les drapeaux de Schère, entraînant la division qu'il commandait. Cette défection en entraîna d'autres; l'empereur ne ramena dans Agra que quelques centaines de cavaliers. Schère y arriva presque aussitôt que lui. L'empereur, manquant de troupes, ne put défendre sa capitale; il s'en éloigna, suivi de quelques serviteurs. Il voulait se rendre à Lahore; mais Schère, devinant son projet, l'y avait devancé en passant par des chemins détournés (1340). Camiran, qui en était gouverneur, avait pris la fuite. L'empereur fut obligé de se diriger vers Tatta aux bouches du Sindh; le gouverneur refusa de le recevoir, et le malheureux Houmaïoun, forcé de chercher un asile qu'il ne trouvait nulle part, ne parvint qu'avec beaucoup de peine, et à travers mille dangers, à gagner la ville d'Amercot, située au delà d'un désert de sable où plusieurs de ses serviteurs périrent de soif et de fatigue. Le radjah d'Amercot, généreux et humain, prodigua tous les secours aux fugitifs. Ce fut dans cette ville hospitalière que le cinq du mois de regeb de l'an 949 de l'hégire (1542), l'immortel Akber reçut le jour au milieu des douloureuses angoisses de sa famille proscrite. D'Amercot l'empereur prit la route de Kandahar. Cette ville était au pouvoir de Camiran; le gouverneur, digne serviteur d'un rebelle, ne fut pas plutôt informé de l'approche de l'empereur, qu'il alla se mettre en embuscade sur la route, pour tâcher de le faire prisonnier. Houmaïoun se sauva avec Mariam sa femme et vingt-deux de ses serviteurs; mais l'enfant Akber tomba au pouvoir du gouverneur.

Houmaïoun prit alors le parti désespéré d'aller demander un asile au roi de Perse, Tahmasp; et il trouva dans ce prince un hôte compatissant, auprès duquel il aurait oublié les rigueurs de la fortune, s'il était possible d'oublier qu'on a porté une couronne. Cependant Schère, qui, depuis ses victoires, avait pris possession de la capitale et du titre impérial de shah, cherchait à consolider son autorité par des actes réitérés de vigueur. Connaissant par expérience le danger d'avoir dans les provinces des gouverneurs trop puissants, il divisa tellement l'autorité dans les mains des agents du gouvernement, qu'elle ne fut nulle part dangereuse. Après un an de séjour dans Agra employé aux soins de l'administration intérieure, et surtout au recrutement de l'armée, Schère se mit en campagne, bien décidé à faire rentrer dans l'obéissance tous les gouverneurs, tous les radjahs qui avaient profité des troubles de l'empire pour se rendre indépendants, et il y réussit; mais il ne jouit pas longtemps de sa fortune. Il faisait le siége de Callinga, une des plus fortes places de l'Inde: un boulet lancé par les assiégeants, rencontrant un quartier de roche dure, fut renvoyé en bondissant dans la batterie même d'où il était sorti; Schère s'y trouvait avec quelques omrahs, le boulet tomba sur un tas de poudre et y mit le feu; l'explosion fut terrible; Schère fut porté dans sa tente à demi mort. Au bout de deux heures, ayant repris ses sens, il donna l'ordre de poursuivre le siége avec la plus grande vigueur. Dès le soir même on vint lui dire que la place était prise. *Allah soit loué!* s'écria-t-il; après ces mots il expira. Ce prince eut l'apparence de quelques vertus, et beaucoup de vices qu'il ne cachait pas, très-indulgent pour lui-même, et ne se faisant aucun scrupule de violer les traités ou de trahir sa parole, il semblait avoir fait de la faculté de manquer à la foi jurée le privilége exclusif de la couronne; car il ne souffrait pas que ses sujets manquassent à leurs promesses. Il avait du courage et du génie pour la guerre. Quoique souvent vaincu, il n'était jamais découragé; et comme le fameux prince d'Orange, comme Frédéric II, il était doué de cette persévérance opiniâtre avec laquelle on tient tête aux événements, on les maîtrise, on répare ses pertes, on crée des ressources. Dans ses moments de repos il s'occupa de donner à l'Inde d'utiles établissements; il fit ouvrir une grande route du fond du Bengale aux sources du Nilab. Elle avait neuf cents lieues de long, des caravansérais commodes d'espace en espace, des puits de demi-lieue en demi-lieue, des mosquées dans les lieux qui servaient de halte; des voyageurs de tout pays, de toute religion, étaient entretenus plusieurs jours aux frais du trésor; des arbres fruitiers avaient été plantés tout le long de cette superbe route. A des distances assez rapprochées on trouvait des maisons de poste; des courriers portaient régulièrement les dépêches du gouvernement et la correspondance des habitants. Schère eut pour successeur son fils Jellas ou Sélim (1).

Cependant l'empereur Houmaïoun, qui n'avait pas inspiré au roi de Perse une compassion stérile, marcha d'abord sur Candahar, et de là sur Caboul ; il fut joint sur la route par le prince Kadgar, frère de Baber, et par son propre frère Hindal, qui, plein de repentir de sa conduite passée, jura de lui consacrer le reste de sa vie, et qui lui rendit en effet d'importants services. Camiran s'enfuit vers Ghazna. En entrant dans le palais qu'habitait Camiran, Houmaïoun trouva son fils Akber, alors âgé de quatre ans ; il le prit dans ses bras, le combla de caresses, et récita ce verset du coran : « Joseph fut jeté dans une citerne par ses frères, que l'envie égarait ; mais Allah l'en retira pour l'élever au faîte de la puissance. » Le gouverneur de Ghazna, dévoué à Houmaïoun, refusa de recevoir Camiran, qui fut obligé d'aller de contrée en contrée chercher un refuge, qu'il ne trouva ni chez les Afghans, ni près de Sélim, ni près des Gickers. Ceux-ci se saisirent même de sa personne, le chargèrent de liens et l'envoyèrent à son frère : omrahs, fakirs, généraux, magistrats, le peuple, l'armée, tous, d'une voix unanime, demandèrent la

(1) On l'avait d'abord nommé Islam, et de ce dernier nom se forma par altération celui de Sélim.

mort du coupable, faible expiation de tous les malheurs qu'il avait causés. Houmaïoun, forcé de céder au vœu général, consentit à ce que son frère fût privé de la vue.

Houmaïoun ne renonçait pas à l'espoir de recouvrer l'empire de l'Inde, mais le moment n'était pas encore venu. Sélim venait de mourir de maladie, après avoir évité le fer de plusieurs assassins; mais plusieurs princes se disputaient son héritage; et comme une incursion qu'Houmaïoun avait faite du côté du Kaschmir, dans la seule intention de sonder la disposition de ses troupes, lui avait prouvé qu'il y avait hésitation chez les soldats et répugnance dans les omrahs pour une expédition dans l'Inde, il crut prudent d'ajourner son projet, espérant d'ailleurs que dans l'intervalle les divers concurrents s'affaibliraient réciproquement, et qu'il lui serait alors plus facile de les subjuguer tous.

Ces concurrents étaient au nombre de trois: Mohammed VI, frère de Sélim et assassin de son neveu Férose; Ibrahim, beau-frère de Mohammed, proclamé empereur à Délhy; Secunder-Shah, neveu de Schère, qui, vainqueur d'Ibrahim, s'était fait aussi proclamer empereur.

Houmaïoun, qui n'avait retiré aucun fruit de sa première tentative sur l'Indoustan, à cause de la défection des omrahs au moment critique, voulant prévenir le retour du même inconvénient, travaillait à recomposer l'armée qu'il destinait à cette conquête, et il avait déjà réussi en grande partie, lorsqu'il reçut (1554, de l'hégire 962) une députation des principaux habitants de Délhy et d'Agra, qui l'invitaient à mettre un terme aux troubles qui agitaient l'Indoustan. Houmaïoun accueillit avec joie cette proposition, et il partit sur-le-champ avec les députés et quinze mille cavaliers dévoués. Avant d'arriver au Sindh, il fut joint par Byram, gouverneur du Kandahar, un de ses meilleurs serviteurs; il conduisait avec lui les vieilles bandes qui déjà, sous ses ordres, avaient rendu d'éminents services. A l'approche de l'ancien empereur, le gouverneur patan du Penjab s'enfuit à Délhy, et Lahore ouvrit immédiatement ses portes. Houmaïoun s'y arrêta quelques jours pour attendre Byram, qui était allé soumettre Shirind et la contrée voisine. Cependant Secunder avait réuni à Délhy quarante mille chevaux, et il les envoya sur la route que les Mogols devaient prendre. Byram marcha rapidement à leur rencontre avec huit mille braves, et, les ayant surpris avant qu'ils arrivassent au lieu qui leur avait été désigné, il les attaqua si brusquement et avec tant de vigueur, qu'il les mit dans une déroute complète; le butin fut considérable. Deux cents éléphants, un grand nombre de chevaux, tous les bagages de l'armée patane furent le prix de cette victoire, qui valut à Byram le titre de *khan khanaoun* (prince des princes), qu'il reçut de la bouche même de l'empereur.

Une seconde armée sortit de Délhy, plus forte que la première; elle arriva dans le Penjab, pleine d'espérance; elle était beaucoup plus nombreuse que celle des Mogols; elle comptait sur un triomphe : Secunder la commandait en personne. Elle fut complétement battue, grâce au talent de Byram et au courage du jeune Akber, qui, à peine âgé de quatorze ans, combattit comme un vieux soldat.

Cette victoire fut décisive. L'empire sortit pour toujours de la race afghane ou patane, et rentra dans la famille de Baber. Délhy et Agra reçurent les Mogols sans opposition, et, pour la seconde fois, Houmaïoun fut proclamé empereur de l'Inde aux acclamations du peuple. Mohammed seul (1) aurait pu susciter encore de nouveaux troubles, mais il temporisa; il voulait se préparer à la guerre, afin de combattre les Mogols avec avantage, et cette fausse politique lui devint fatale, parce que les préventions des Afghans contre les Mogols s'affaiblirent, leur ancien dévouement aux souverains de leur race s'altéra peu à peu, et l'effervescence des esprits, venant à se calmer insensiblement, finit par s'éteindre. L'autorité

(1) Ibrahim s'était retiré dans l'Orissa; trois ans après, un général mogol, ayant conquis cette province, fit Ibrahim prisonnier et le fit mettre à mort.

d'Houmaïoun se rétablit si bien, que sa mort même, arrivée peu de mois après (1555, de l'hégire 963), ne fut pas capable d'y porter atteinte, quoiqu'il ne laissât pour lui succéder qu'un fils encore enfant.

On lui a reproché d'avoir poussé trop loin la clémence et la bonté. Son attachement pour ses frères fut cause de ses malheurs; s'il les avait traités, dit l'historien Férischtà, suivant les usages de l'Orient, il aurait conservé un pouvoir sans bornes. A la tête des armées, il était courageux, entreprenant, habile; mais il ne recueillait jamais tous les fruits qu'aurait pu donner la victoire, parce que sa pitié pour les vaincus désarmait toujours ses ressentiments, au préjudice même de ses intérêts.

CHAPITRE VIII.

Règne d'Akber. — Régence de Byram. — Akber déclare la régence finie.— Ses conquêtes. — Sa mort.— Décadence de la puissance portugaise. — Des autres établissements européens, hollandais, anglais, français.

Aussitôt que la nouvelle de la mort d'Houmaïoun parvint à l'armée, les omrahs proclamèrent Akber empereur, et, d'une voix unanime, ils déférèrent la régence à Byram. Secunder s'était retiré dans les montagnes sauvages de Sewalik; mais Mohammed, vainqueur d'Ibrahim, avait réuni cinquante mille chevaux et cinq cents éléphants. Cette armée, dont le commandement fut donné au vizir Himou, s'était accrue du double avant d'arriver sous les murs d'Agra. La garnison mogole, trop faible pour résister, se replia sur Délhy. Le gouverneur de cette dernière ville se crut assez fort pour arrêter la marche d'Himou, et il éprouva une sanglante défaite; les deux capitales tombèrent au pouvoir de Mohammed. L'empereur reçut à Jallender ces tristes nouvelles, et à la douleur qu'elles lui causèrent succéda le découragement. Byram jura qu'il sauverait l'empire ou qu'il périrait.

On savait que le vizir de Mohammed avait une armée six fois plus forte que celle des Mogols; les omrahs étaient tous d'avis de rentrer dans le Caboul, et Byram, aussi ferme que l'avait été Baber dans une occasion à peu près semblable, voulut combattre au lieu de fuir (1556, de l'hégire 964). Il sortit de Délhy avec toutes ses troupes et arriva jusqu'à Panniput, plaine fatale aux Indous. Himou engagea l'action avec ses éléphants; les Mogols reçurent le choc sans se rompre, et un grand nombre d'éléphants, grièvement blessés, refusèrent d'obéir à leurs conducteurs. Himou se mit alors à la tête de quatre mille cavaliers, et, monté sur un énorme éléphant, il pénétra jusqu'au centre de l'armée mogole. En ce moment une flèche, lancée avec force, entra dans un œil de Himou. Les Patans, croyant la blessure mortelle, commencèrent à reculer. Himou, qui s'en aperçut, arracha la flèche, la lança sur les ennemis, et, maîtrisant sa douleur, continua de combattre jusqu'à ce qu'épuisé par la perte de son sang, il tombât au pouvoir des Mogols avec un faible reste de vie que Byram lui arracha. La victoire avait été complète. Un butin immense, tous les bagages, toute l'artillerie, quinze cents éléphants en furent le prix; la soumission immédiate des deux capitales en fut le résultat. Quant à Mohammed-Adil, il eut assez de peine à rentrer dans le Bengale: il n'y fut pas tranquille; Chizer, fils de l'ancien soubah, en réclama la possession à main armée; Mohammed fut tué dans une première action.

Secunder restait encore; il avait fait dans le Penjab quelques progrès. Akber et Byram accoururent; Secunder, contraint de demander la paix, ne l'obtint qu'au prix d'une renonciation formelle à toutes ses prétentions, d'une forte contribution et de la remise de son fils en otage. Akber n'avait plus de rivaux; mais, comme au temps de son aïeul, le Bengale, le Malwa, le Guzzerat avaient des princes particuliers, plusieurs gouverneurs de places fortes s'étaient soustraits à toute dépendance; d'autres forteresses étaient retombées au pouvoir des anciens radjahs ou de leurs héritiers. Akber, en soumettant ces provinces, ces gouverneurs, ces places, voulait rendre à l'empire son antique splendeur; toutefois, avant d'y travailler, il voulait conquérir la liberté pour lui-même. Byram avait rendu de grands services, mais il les faisait acheter à son maître en le tenant sous une étroite dépendance; à la nation, en lui faisant subir son rigoureux despotisme. Sur l'avis vrai ou faux que Byram travaillait à mettre sur le trône un fils de Camiran (1), l'empereur se sauva furtivement d'Agra, se rendit à Délhy, assembla un conseil d'omrahs, et déclara que la régence était finie, qu'il entendait régner par lui-même, et que l'autorité de Byram cessait de plein droit. Cette déclaration fut reçue par les omrahs et par le peuple avec de vifs transports de joie, mais elle fut pour Byram, qui en même temps recevait l'ordre de se rendre à la Mecque, comme un coup de poignard qui le blessait au cœur. Il fut d'abord tenté de recourir à la voie des armes pour ressaisir le pouvoir; mais, soit qu'il craignit de perdre par la révolte la gloire qu'il s'était acquise, soit qu'il crût lui-même que ses efforts seraient superflus, il parut devant l'empereur en sujet soumis. Akber lui donna à choisir entre le voyage de la Mecque, un gouvernement militaire important, ou la liberté de rester dans Agra, avec tous les honneurs dus au bienfaiteur de la famille royale, mais sans qu'aucune autorité fût attachée à ce titre. Byram préféra partir pour la Mecque. Il n'y arriva pas; en traversant le Guzzerat, il fut traitreusement assassiné par Moubarik-Lohani, dont le père avait péri dans la

(1) Akber le fit mettre à mort quelque temps après.

bataille où Himou avait été pris (1560, de l'hégire 968).

La vigueur de caractère que l'empereur venait de montrer, aux dépens même d'une juste reconnaissance, produisit la plus vive sensation. Les hommes réfléchis y virent le présage d'une administration ferme, qui, s'appliquant sans intermédiaire à la direction des affaires, imprimant aux ressorts du gouvernement un mouvement uniforme, établirait entre la nation et son chef des rapports immédiats dont le résultat tournerait au profit de la prospérité publique. Les courtisans n'y trouvèrent qu'une de ces révolutions si fréquentes dans l'Orient : aussi ne firent-ils que déplacer leurs hommages en les transportant du régent au prince lui-même. Les Mogols, en général, se félicitèrent du changement qui venait de s'opérer. Avec Akber, dont ils aimaient avec enthousiasme le jeune courage, ils comptaient sur la guerre; beaucoup de Mogols n'avaient que la guerre pour patrimoine. La conquête du Malwa fut d'abord résolue, et cette conquête se fit en très-peu de jours. Les années suivantes (1563 à 1567) furent troublées par des révoltes qui n'étaient pas plutôt comprimées en un lieu, qu'elles éclataient dans un autre. Il y eut même une tentative d'assassinat dirigée contre l'empereur; et ce ne fut qu'à force d'activité, de bravoure, de peine et de fatigues qu'Akber vint à bout de terrasser les rebelles.

Le radjah de Chitore avait profité des troubles de l'empire pour faire des incursions dans les provinces mogoles. L'empereur voulut l'en punir; mais Chitore se trouvait situé sur le sommet d'une montagne escarpée, accessible d'un seul côté, où l'art, prodiguant les moyens de défense, avait ajouté au travail de la nature. Le radjah s'était retiré dans une forteresse plus éloignée, laissant dans la place une garnison de huit mille Radjepouts sous les ordres d'un officier non moins courageux qu'habile. Le siége commença sous les yeux de l'empereur. Un jour qu'il inspectait les travaux, il aperçut le gouverneur sur les remparts de la ville faisant réparer une brèche. Aussitôt, prenant un mousquet des mains d'un de ses soldats, il ajusta si bien le gouverneur, que la balle l'atteignit au milieu du front et le renversa mort. En perdant leur chef, les Radjepouts perdirent l'espérance; trop faibles pour résister, trop fiers pour se rendre, ils égorgèrent leurs enfants et leurs femmes, et dressèrent un bûcher immense pour y brûler leurs cadavres, en attendant que l'aurore du lendemain vînt éclairer leur dernier jour. Les Mogols, apercevant des tourbillons de fumée et de flamme, soupçonnèrent la vérité; ils s'approchèrent de la place en silence, trouvèrent la brèche abandonnée, et par la brèche même ils s'introduisirent dans la ville. Les Radjepouts, surpris, enveloppés, ne purent se défendre; presque tous périrent. La prise de Chitore produisit un effet salutaire; tous les radjahs voisins achetèrent la paix par une soumission prompte et entière.

L'empereur avait conquis la paix; il profita du long repos dont il lui fut permis de jouir, pour travailler à l'embellissement d'Agra, dont il fit la plus belle ville de l'Asie et peut-être du monde. Quand on lit les descriptions de tous les voyageurs des dix-septième et dix-huitième siècles, on est tenté de croire qu'on lit dans un conte arabe la merveilleuse peinture des palais des génies. D'un autre côté, il invitait les étrangers de tous les pays à s'établir dans sa ville nouvelle, à y former des factoreries, et même à y construire des temples particuliers pour le libre exercice de leur religion. Il désirait surtout se lier avec les Portugais, dont il avait plus d'une fois entendu parler. On prétend qu'il écrivit au roi de Portugal pour demander des missionnaires instruits; mais sa lettre, on ne sait pourquoi, n'alla pas plus loin que Goa. Un assez grand nombre de Portugais se rendirent pourtant auprès d'Akber, amenant avec eux quelques jésuites auxquels on permit de construire une église et un collége; et ce collége, destiné à former à ou instruire des chrétiens, fut largement doté par un souverain musulman.

Cependant une grande partie du Guzzerat obéissait encore à une foule de petits despotes. Akber entreprit de les soumettre (1572, de l'hégire 980);

il y réussit; mais il faut dire que, si jamais la valeur personnelle du chef a contribué au succès, ce fut dans le cours de cette guerre. Aussi, tout en convenant qu'il se couvrit de gloire, ses historiens le blâment plus qu'ils ne le louent d'une expédition qui fait plus d'honneur à son courage qu'à sa prudence. La conquête du Guzzerat entraîna celle du Bengale (1574).

L'empereur se proposait d'aller conquérir le Dékhan, lorsqu'il apprit que son frère Hakem avait investi Lahore; il se transporta sans délai sur les lieux. Hakem ne l'attendit pas; mais cette fois Akber le poursuivit et le força à implorer son pardon. Parvenu à cette époque (1584, de l'hégire 992) au plus haut degré de puissance, favorisé par la fortune dans toutes ses entreprises, vainqueur de tous les rebelles, l'empereur, dit-on, fut longtemps incertain entre deux idées également dominantes : la conquête de Dékhan et la restauration du trône de Tartarie, ancien patrimoine de sa famille. D'un autre côté, la conquête du Kaschmir se présentait à son ambition. Le Kaschmir, immédiatement envahi, fut converti en province mogole. Il était sur la route de Tartarie; mais les difficultés que les Afghans d'un côté, les Usbecks de l'autre, auraient apportées à l'expédition projetée, engagèrent l'empereur à y renoncer. En abandonnant cette pensée qui l'avait flatté pendant bien longtemps, Akber se rejeta sur la première qu'il avait eue : son ambition ne s'éteignait pas, elle ne faisait que changer d'objet.

La péninsule était alors (1590, de l'hégire 999) divisée en plusieurs royaumes, dont les souverains étaient, les uns indous, les autres musulmans; issus des ghaznevides, des gaurides ou des afghans, les premiers occupaient les provinces les plus méridionales (1). Une armée considérable ne tarda pas à partir pour le Dékan sous les ordres de l'habile Mirza, fils de l'ancien régent. Mirza remporta plusieurs victoires qui amenèrent la cession aux Mogols d'un vaste territoire. Mourad, fils d'Akber et gouverneur du Guzzerat, était accouru avec des troupes pour partager avec Mirza la gloire des conquêtes; et bientôt, bassement jaloux des succès qui n'étaient point son ouvrage, il écrivit à son père, parlant de Mirza comme d'un ennemi secret qui cherchait à se frayer le chemin du trône. Akber, sans avoir entendu Mirza, sans s'assurer de la vérité de l'accusation, rappela Mirza auprès de lui. Celui-ci obéit sans murmure, voulant mériter par sa résignation dans la disgrâce, comme par sa loyauté durant la faveur, le titre glorieux de *khan khanaoun*, que son père avait porté et qu'il avait lui-même reçu de l'empereur. Mourad jouit

(1) Les Mogols et même les Indous comprenaient sous le nom de Dékhan tout le pays situé au delà de la Nerbouddha; mais le Dékhan propre, *Dachanabades* des Grecs, ne comprenait que la partie centrale de la péninsule.

peu de temps de son obscur triomphe ; il mourut dix-huit mois après, laissant les affaires en assez mauvais état. Les Mogols ne se soutenaient plus qu'avec beaucoup de peine dans le Bérar; l'empereur, alarmé, rendit à Mirza le poste où il aurait dû le laisser toujours, et, pour lui faire oublier son injustice, il fit épouser par son fils Daniel une fille du général (1600, de l'hégire 1009). La présence de Mirza fit tout changer de face. L'empereur, voulant de son côté le seconder, envahit le Khardez à la tête d'une puissante armée, et s'empara de la forteresse de Hassera, composée de trois citadelles l'une dans l'autre, et regardée par les Indous comme inexpugnable. La chute d'Hassera entraîna la soumission de la contrée, qui, réservée au Bérar, fut convertie en une vaste soubahbie, dont Akber investit son fils Daniel, en lui adjoignant toutefois son beau-père, le fidèle Mirza.

La révolte de Sélim, fils aîné de l'empereur, rappela celui-ci dans Agra. Pendant qu'il travaillait à réduire ce fils ingrat, l'armée du Dékan, poursuivant ses succès, consolidait dans le Bérar la puissance impériale et reculait vers le sud les limites de la soubahbie. Les rois de Bijanagour (ou Golconde) et de Béjapour envoyèrent des ambassadeurs pour demander la paix. Ils apportaient de riches présents auxquels ils ajoutèrent au nom de leurs maîtres l'offre d'un tribut. Mais, par une triste compensation, l'empereur apprit la mort de

Daniel, victime de son intempérance. Dans sa douleur, il écrivit à son fils aîné : « Si tu es jaloux du peu de jours qui me restent, viens, hâte-toi ; je te découvrirai mon sein, je ne défendrai pas contre toi cette vie qui t'importune, et qui n'est pour moi-même qu'une carrière de peines et de soucis. » Sélim, touché au cœur, se rendit incontinent à Agra sans aucune suite, et, dès qu'il aperçut son père, il courut tomber à ses pieds en demandant grâce et pardon. Akber le releva, le reçut dans ses bras et le mouilla de ses larmes; mais tant d'émotions si vives qu'il éprouvait coup sur coup épuisèrent ses forces, et les secours de l'art ne purent le sauver. Il mourut dans la soixante-troisième année de son âge et la cinquantième de son règne (1605, de l'hégire 1014).

Akber eut de belles et nobles qualités; il en posséda même quelques-unes à un degré si éminent, qu'on doit le regarder comme un des plus grands princes qui aient jamais existé. Il montait sur un trône encore chancelant sur ses bases, et il lui fit prendre tant de solidité, qu'on eût dit que sa puissance était l'ouvrage des siècles. C'est qu'après avoir conquis un pays par l'épée, il donnait à ses habitants de bonnes lois, des institutions sages, des règles de politique et des préceptes de morale. Il avait composé un recueil de principes de gouvernement que son ministre Aboul-Fazil, le Sully de l'Inde, a inséré dans son *Ayin-*

Akbèri, sous le titre d'*Institutes*. Les devoirs de l'homme religieux, tolérant et juste, y sont tracés d'une main sûre, et, d'après la conduite constante de leur auteur, on dirait qu'en peignant l'honnête homme, c'est de lui-même qu'il a parlé. Akber aima tous les genres de gloire; celle qui s'acquiert par les lettres était chère à son cœur. Quant à ses opinions religieuses, il n'est pas aisé d'en déterminer la nature; il paraît qu'il ne fut musulman que de nom. Il avait cherché à s'instruire à fond de la croyance des brahmines; on croit qu'il avait aussi acquis quelque connaissance des principes du christianisme; mais on ignore s'il était au fond indou, chrétien ou musulman.

Nous avons dit qu'Akber avait cherché à s'allier avec les Portugais; ceux-ci étaient à cette époque une puissance dans l'Inde. Leur domination s'étendait depuis Columbo, dans l'île de Ceylan, jusqu'à Diu, à l'entrée du golfe de Cambaye. Doman, Chaul, Bossain, Bombay, Onore, étaient en leur pouvoir; maîtres de toute la côte occidentale, ils voulurent former des établissements sur la côte opposée. Ils passèrent le détroit de Manara, fameux par sa riche pêcherie de perles, et s'arrêtèrent à Négapatnam, qui acquit en peu de temps beaucoup d'importance. Ils s'avancèrent ensuite jusqu'à Méliapour, dont ils voulaient faire la capitale de Coromandel. Ils entourèrent cette ville de fortifications et la décorèrent d'une foule d'édifices publics (1). Ils arrivèrent ensuite jusqu'à Masoulipatnam, ville célèbre dans l'Inde par ses sept pagodes, dont les ruines s'aperçoivent encore au fond de l'Océan. De ces derniers établissements à Malacca, la distance était peu considérable; les Portugais s'en étaient rendus maîtres en 1512; et le commerce de cette ville, alimenté par les Chinois d'un côté, par les Indous de l'autre, devint extrêmement actif.

Il n'avait fallu aux Portugais qu'un demi-siècle pour fonder un empire dans les Indes; il fallut moins de temps encore pour le renverser. On peut assigner plusieurs causes à cette rapide décadence. Les Portugais avaient à garder une immense étendue de côtes, et le nombre limité de leurs troupes n'y pouvait suffire. Les divers établissements étaient trop éloignés les uns des autres pour pouvoir se secourir mutuellement. Les gouverneurs particuliers de ces établissements ne dépendaient plus que de nom du gouverneur général résidant à Goa; sous prétexte de l'éloignement, ils se dispensaient de prendre ses ordres. Les gouverneurs généraux eux-mêmes, qui savaient que leurs fonctions cessaient au bout de trois ans, s'occupaient beaucoup moins des intérêts de l'État que de leur propre fortune, et, afin que les autres

(1) Il ne reste que quelques ruines de cette ville, qui était à deux lieues de l'emplacement actuel de Madras. Ses matériaux ont servi à la construction de la ville anglaise.

n'éclairassent pas leur conduite, ils fermaient les yeux sur tous les abus, souffrant que chacun s'enrichît, pourvu qu'on les laissât s'enrichir eux-mêmes. D'un autre côté, la valeur impétueuse des premiers conquérants avait fait place à la mollesse et à l'incurie; la soif de l'or avait succédé aux vues patriotiques; il restait des marchands, il n'existait plus de guerriers. Mais ce qui contribua plus que tout à la ruine des Portugais dans l'Inde, ce fut le renversement absolu du système d'administration suivi jusqu'au temps de Henri (1580), oncle et successeur de Sébastien; renversement produit par la révolution qui fit du Portugal une province espagnole. Philippe II et ses successeurs travaillèrent de tout leur pouvoir, à priver le Portugal de richesse et de puissance. Possesseur des Philippines, les Espagnols pouvaient faire le commerce du Japon, de la Chine, de Malaca, de tout l'Archipel indien; Philippe n'aurait pas laissé le commerce de l'Inde fleurir dans les mains des Portugais, qu'il haïssait d'autant plus, qu'ils semblaient supporter le joug avec plus de répugnance. Toutes les colonies portugaises furent abandonnées à elles-mêmes; aussi les Chingulais chassèrent-ils les Portugais de leur île; les Persans reprirent Ormus; les Moluques tombèrent en grande partie aux mains des Hollandais. Quand la maison de Bragance monta sur le trône, elle ne trouva ni commerce, ni vaisseaux, ni marins, et quand elle put avoir une flotte, les Hollandais, dans leur enthousiasme de liberté naissante, parcouraient l'Océan en dominateurs; et comme c'était, jusque-là, par leurs mains que les marchandises de l'Inde avaient circulé en Europe, et que le port de Lisbonne, où ils les allaient prendre, leur était fermé, ils avaient pris le parti de s'ouvrir une route à travers les mers, pour arriver directement dans l'Inde. Le gouvernement encouragea d'abord les entreprises maritimes, mais, voyant que de la tendance générale des esprits pouvaient naître beaucoup d'abus, il convoqua tous les intéressés à La Haye, et les contraignit à former une seule compagnie, qui reçut des statuts, et qui acquit des priviléges et des immunités, ce qui offrit l'avantage d'imprimer un mouvement uniforme à toutes les volontés. La charte obtenue par cette compagnie est du 20 mars 1602. Les Portugais envoyèrent des escadres, et Philippe publia des édits qui défendaient aux Hollandais de trafiquer dans aucune partie de ses États. Tout cela ne fit qu'exciter les Hollandais à redoubler d'efforts; une escadre portugaise fut complétement battue; les vainqueurs s'emparèrent d'Amboine et de Tidore. Les naturels prirent d'abord parti pour les Hollandais; c'est que les Hollandais s'étaient présentés comme de simples marchands, tandis que les Portugais avaient voulu paraître en conquérants; à la longue, pourtant, les naturels s'aperçurent que c'était une tyrannie substituée à une autre.

Les Anglais ne pouvaient rester simples spectateurs de la lutte qui s'était engagée entre les Hollandais et les Espagnols; à leur tour, ils naviguèrent vers les Indes. La reine Élisabeth, qui joignait à de grands travers d'esprit et de cœur de grandes qualités, favorisa les entreprises des marchands de Londres, à qui les voyages de Drake et de Cavendith autour du monde avaient donné l'idée d'un commerce direct avec l'Inde; elle leur accorda une charte en date de 31 décembre 1600, qui les érigea en compagnie privilégiée. Cette compagnie avait dans l'origine un gouverneur et vingt-quatre directeurs; ses premiers fonds furent de soixante douze mille livres sterling, dont quarante-cinq mille devaient être employés en achats ou en équipements de navires, et le reste à l'achat des cargaisons. La compagnie était formée pour quinze ans, à l'expiration desquels elle devait être renouvelée ou dissoute, suivant les circonstances. Tels furent les commencements de cette compagnie célèbre, qui, par des événements sans exemple dans l'histoire, a fini par créer un vaste empire dans les plus riches contrées de l'Asie. La première expédition des Anglais n'eut lieu qu'en 1602; ils se bornèrent à visiter l'île de Sumatra et les Moluques. Deux ans après ils revinrent aux Moluques, d'où ils emportèrent la plus riche cargaison qui fût jamais entrée en Angleterre; ce qui donna aux intéressés de si belles espérances pour l'avenir, qu'ils songèrent dès ce moment même à faire renouveler leur privilége.

Les Français entendaient parler de cès expéditions lointaines et lucratives; ils voulurent y participer ; une compagnie de négociants s'établit en 1604 ; mais, avant même d'avoir rien fait, la société prit le parti de se dissoudre, et le projet d'avoir des relations directes avec l'Inde parut abandonné. Les Français venaient de traverser une époque de troubles et de discordes civiles, et leur goût les éloignait encore des opérations commerciales. Ils n'éprouvaient pas d'ailleurs, comme les Hollandais et les Anglais, le besoin de puiser à des sources étrangères pour augmenter leurs biens et leurs jouissances. C'est là ce qui explique l'indifférence avec laquelle ils virent les autres peuples de l'Europe former des établissements dans l'Inde et s'en disputer le domaine exclusif.

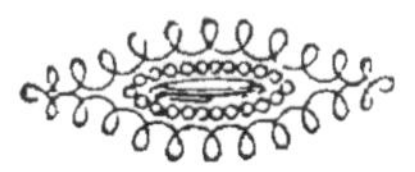

CHAPITRE IX.

Successeur d'Akber.— Jehanghirre. — Schah-Jéhan. — Naissance d'Aureng-Zeb. — Il se révolte, fait la guerre à ses frères et s'empare du trône.

La succession d'Akber appartenait à Sélim; mais le vizir Khan-Azim, dont la fille avait épousé Cozrou, fils de Sélim, entreprit de placer Cozrou sur le trône, comptant bien régner sous son nom. Cependant Akber, avant de mourir, avait fait reconnaître son fils par le vizir lui-même; mais les volontés des rois sont peu respectées quand ils sont descendus dans la tombe. On dirait que la désobéissance, dans ce cas, est un dédommagement pris par les sujets pour leur soumission passée. Le vizir convoqua le conseil des omrahs; il eut soin d'y appeler tous ses adhérents; mais Sélim ne perdait pas le temps à convoquer des conseils, il agissait. Ses amis, réunis autour de lui, le saluèrent du nom d'empereur, et la nouvelle, s'en étant répandue de proche en proche, parvint promptement aux oreilles du vizir, qui prit immédiatement la fuite. Sélim usa de politique ; le poursuivre eût été dangereux, parce qu'il avait beaucoup de crédit ; il le maintint en possession de son emploi ; mais au bout de quelque temps il lui donna le gouvernement du Malwa. Cozrou eut à subir quelques justes reproches ; Sélim ne tira pas de lui d'autre vengeance. Mais Cozrou était dévoré d'ambition ; peu touché de la bonté de son père, il conspira ouvertement contre lui, et parvint à se créer une armée. Poursuivi par les troupes impériales, il fut fait prisonnier avec les principaux conjurés. Ceux-ci périrent dans les supplices ; Cozrou fut enfermé dans une tour.

L'empire jouissait alors d'une paix profonde (1607, de l'hégire 1016). Ce fut vers ce temps qu'un envoyé anglais partit de Surate pour se rendre auprès de Jéhanghirre, nom qu'avait pris Sélim en montant sur le trône (1). Il paraît que l'empereur reçut si bien cet envoyé, que le gouverneur de la compagnie Smith pria le roi d'envoyer un ambassadeur à la cour mogole avec des pouvoirs suffisants pour conclure un traité. Le roi céda sans

(1) Jéhanghirre signifie conquérant du monde.

peine aux vœux de la compagnie. Sir Thomas Roe partit peu de temps après, et, comme il n'avait pas moins d'habileté que de souplesse, il gagna la faveur du prince, ce qui, par la suite, valut à la compagnie de grands priviléges. L'empereur se mêlait assez peu de l'administration de ses États; mais il avait heureusement un ministre habile, sage, plein de zèle pour le bien public, Actémad-oul-Dowla; et tandis que Jéhanghirre se livrait à ses plaisirs, Actémad protégeait efficacement les arts, dégageait le commerce des entraves qui le gênaient, donnait à l'agriculture de vastes plaines jusque-là couvertes de forêts, restaurait des villes ruinées ou en construisait de nouvelles. Ces soins pacifiques n'empêchaient pas le vizir de se tenir toujours prêt pour la guerre. Ces précautions n'étaient pas inutiles : plusieurs révoltes avaient éclaté dans le Bengale et dans le Bahar, tandis que, dans le Malwa, le radjah-ranna (prince) de Bourhanpour menaçait d'un siége la forteresse de Chitore. Il avait battu plusieurs généraux mogols. L'empereur alarmé mit à la tête de l'armée Khorroum, son troisième fils. Ce prince, entreprenant et actif, fit le siége de Bourhanpour, qui capitula au bout de peu de jours. Le prince indou demanda la paix; Khorroum en régla les conditions. Le fils du ranna fut donné par son père en otage, et l'empereur combla de caresses et d'honneurs le jeune Indou; il le nomma même omrah de première classe;

c'était dorer ses chaînes. Quant à Khorroum, il reçut de son père tant de marques d'affection, qu'on ne douta pas qu'il ne succédât à l'empire (1615, de l'hégire 1024). Khorroum partageait cette espérance; mais comme ses frères auraient pu la rendre vaine, il travailla sans relâche à ruiner leur crédit. Dans le même temps, sir Thomas Roe obtenait de l'empereur la faculté de construire un comptoir à Surate.

Cependant les Coulis, peuple sauvage du Guzzerat, les Afghans d'un autre côté, firent des incursions dans les contrées qui les avaient pour voisins. Les uns et les autres furent repoussés. Les armes mogoles étaient moins heureuses dans le Dékhan. Jéhanghirre y envoya son fils Khorroum, qui n'arriva que pour signer un traité de paix. Son père, à cette occasion, lui donna le nom de *Schah-Jéhan* (roi du monde), qu'il a toujours porté depuis cette époque.

L'ambassadeur Roe ne quittait pas Jéhanghirre; sa présence auprès de lui était d'autant plus nécessaire, que Schah-Jéhan, qui haïssait les Anglais, avait peint aux yeux de son père, comme un attentat contre son autorité, ce qui venait de se passer à Surate entre les Anglais et les Portugais. Quatre vaisseaux chargés de troupes étaient sortis d'Angleterre en 1611, sous les ordres du capitaine Best, et avaient fait voile vers Surate. Les Portugais et les Hollandais se disputaient le monopole du commerce de l'Inde et des Moluques, mais les uns et les autres étaient d'accord pour en exclure les Anglais; les Portugais se chargèrent de les chasser de Surate, et à deux reprises différentes ils les attaquèrent, d'abord en pleine mer, ensuite dans le port de Surate; mais ils ne remportèrent de cette double tentative que la honte d'avoir complétement échoué. Les faits avaient été présentés à l'empereur sous des couleurs odieuses; les explications données par l'ambassadeur satisfirent pleinement Jéhanghirre.

Ce fut après le retour de l'empereur dans Agra qu'il naquit à Jéhanghirre un petit-fils qu'il voulut nommer lui-même. Il l'appela *Aureng-Zeb* ou *Zeib* (ornement du trône). Cet enfant, destiné par la Providence à venger un jour sur son propre père les infortunes de son aïeul, était fils de Schah-Jéhan et de la belle Koudfia, fille du vizir Azaph-Jâh (1). On célébra par de brillantes fêtes la naissance de ce prince. L'empereur, accompagné de Schah-Jéhan, partit ensuite pour le Kaschmir, où il passa la saison des chaleurs; il reprit au bout de quelques mois la route de Lahore, où il reçut la nouvelle de l'insurrection du Dékhan. Schah-Jéhan s'y rendit en toute hâte, et la victoire l'accompagna. Peu de temps après son retour, le prince Cozrou fut assassiné dans sa pri-

(1) Il était fils du vizir Actémad.

son. Schah-Jéhan avait pris des précautions pour qu'on ne le soupçonnât pas de ce crime ; mais son père l'accusa hautement de fratricide, et Schah-Jéhan, se voyant démasqué, cessa de se contraindre : il s'était assuré d'une bonne partie des troupes ; sous de vains prétextes, il se fit proclamer empereur, et marcha sur Délhy, où Jéhanghirre faisait alors sa résidence. L'empereur, qui dans le même temps se voyait menacé d'invasion dans le Khorassan par le roi de Perse, eut recours aux négociations ; mais les propositions de Schah-Jéhan étaient si exorbitantes, que Jéhanghirre indigné le déclara traître et rebelle par divers édits. Toutes ces mesures échouèrent contre l'ambition de Schah-Jéhan ; on en vint aux mains, et le rebelle fut vaincu par son frère Parvez, second fils de l'empereur. Il se retira dans le Bengale, dont le soubah n'opposa qu'une faible résistance ; et tandis que Parvez et son général Mohâbet faisaient rentrer dans le devoir les contrées de l'ouest et le Dékhan, le rebelle soumettait le Bahar et revenait sur le Gange, dans l'intention d'investir la capitale. Mohâbet alarmé prit sur-le-champ la route du Bengale ; un combat opiniâtre fut livré sur les bords du Gange (1624) ; et, comme à l'ordinaire, la fortune dn prince pâlit devant le génie de Mohâbet. Les rebelles furent totalement défaits. Schah-Jéhan fit encore quelques efforts pour soulever le Dékhan ; mais Mohâbet, qui le suivait de près, les rendit inutiles. Ce mauvais succès acheva d'ôter l'espérance aux amis du prince, et sans l'espérance le courage ne peut se soutenir. A peine lui restait-il sept ou huit cents cavaliers, gens à qui leur conduite passée ne laissait aucune chance de salut. Dans cette extrémité cruelle, Schah-Jéhan osa compter sur l'indulgence paternelle, et le vieux monarque, touché de pitié pour ce fils qu'il avait tant aimé, ne fit pas attendre le pardon; toutefois, instruit par l'expérience, il exigea que son fils lui donnât en otage ses trois fils Darah, Mourad et Aureng-Zeb. Ces conditions furent acceptées et remplies. Ainsi se termina cette longue révolte féconde en maux de toute espèce, prélude des discordes civiles qui devaient conduire l'empire à sa ruine.

C'était aux talents de Mohâbet et à la valeur de Khanna-Zad, son fils, vainqueur des Usbecks, que Jéhanghirre devait le salut de l'État et la conservation de sa couronne, et dans les premiers moments il répandit ses grâces sur le père et sur le fils, mais à cette faveur éphémère succédèrent les persécutions. Mohâbet avait auprès de l'empereur des ennemis dangereux; d'obscures délations, des accusations perfides l'emportèrent sur les preuves de loyauté qu'il avait mille fois données. Il perdit tous ses emplois, et, peu de temps après, sa tête fut mise à prix. Proscrit et forcé de fuir, il se rendit auprès du vizir, et lui proposa de s'unir à lui pour placer Schah-Jéhan sur le trône, puisque Jéhanghirre était devenu incapable de l'occuper dignement. Le vizir, dont la fille avait épousé Schah-Jéhan, accueillit la proposition avec joie. Les événements semblaient d'ailleurs concourir avec les deux conjurés pour que leur plan réussît. Parvez, frère aîné de Schah-Jéhan, mourut de maladie (1626, de l'hégire 1036); Khan-Khanoun le suivit de près dans la tombe. Enfin l'empereur lui-même, qui depuis plusieurs années souffrait d'attaques fréquentes d'asthme, eut un dernier accès sur la route dn Kaschmir; son mal se compliqua d'un rhume très-violent; il voulut retourner à Lahore, et mourut au bout de quelques jours, au mois de novembre de l'an 1627, dans la cinquante-huitième année de son âge et la vingt-deuxième de son règne.

Jéhanghirre n'eut ni de grands vices, ni de grandes vertus. Il commit des fautes, parce que ses passions étaient vives; il fit souvent du bien, parce qu'il avait la volonté de le faire. En général, son caractère se composait de qualités qui pouvaient se modifier d'une si étrange manière, qu'on eût dit que chacune d'elles se formait de deux qualités diamétralement opposées. Ainsi il n'avait pas de cruauté dans le cœur, et il signait froidement des arrêts de mort; il n'était pas clément, et il faisait grâce aux plus grands coupables; il prodiguait l'or, et n'était pas généreux; il avait de l'orgueil, et manquait de dignité. Esclave de ses plaisirs, et toutefois aimant le travail; très-peu religieux, et rempli de terreurs superstitieuses; inflexible pour certaines choses, changeant tous les jours d'opinion pour beaucoup d'autres; complaisant, affable en public, sombre et soupçonneux en particulier; oubliant les injures, mais perdant aussi le souvenir des services; haïssant la tyrannie, et la souffrant dans ses favoris; passant en peu d'instants à tous les extrêmes, de la douleur à la joie, de l'indifférence aux désirs, de la nonchalance à l'activité : tel fut Jéhanghirre. L'usage immodéré du vin, des liqueurs spiritueuses et de l'opium le mettait souvent hors d'état de distinguer le vrai du faux, le juste de l'arbitraire, le bien du mal. Son ivresse était d'ailleurs peu dangereuse; elle n'excitait en lui d'autre sentiment que l'amour des disputes philosophiques et théologiques; sa manie de raisonner, précisément quand il avait perdu la raison, était d'autant plus singulière, qu'il finissait toujours par s'annoncer lui-même comme appelé à réformer toutes les religions de la terre, données aux hommes, disait-il, par de faux prophètes. Il appelait ainsi Mahomet, Brahma, Bouddha, Zoroastre. Imbu de bonne heure des principes de son père, mais avec un esprit beaucoup plus étroit, il avait la prétention de faire dans les croyances religieuses, si multipliées dans l'Inde, une réforme générale dont les difficultés ne l'effrayaient pas, et de se déclarer pontife suprême de cette religion nouvelle.

Dès que Jéhangirre eut rendu le dernier soupir, le vizir fit partir un messager pour le Dékhan, où se trouvait Mohâbet. Celui-ci, sans perdre un moment, disposa son armée à reconnaître Schah-Jéhan, se réunit ensuite au prince, et prit avec lui le chemin de la capitale. Les habitants d'Agra l'accueillirent par de vives acclamations. Azaph-Jâh conserva le viziriat avec d'énormes appointements; Mohâbet reçut le titre de capitaine général des armées, avec le titre de kan-khanaoun; tous ceux qui avaient servi le prince avec zèle, musulmans ou Indous, furent largement récompensés; le peuple eut des fêtes, des distributions d'argent, des remises d'impôts. Les quatre fils de Schah-Jéhan, qui avaient été livrés en otage à Jéhanghirre, avaient été placés par le vizir sous la garde d'hommes sûrs; ils étaient encore à Lahore. Le vizir les alla chercher pour les conduire à leur père, qui fut ravi de les revoir; ils avaient tous quatre la même mère, fille du vizir, ce qui explique la sollicitude que ce dernier avait toujours montrée pour eux. Darah, l'aîné, avait un caractère ouvert, noble et généreux; Soujah paraissait doué d'une grande bravoure et d'une imagination féconde; Aureng-Zeb, le troisième, n'avait que dix ans, et se faisait remarquer par son caractère froid et réservé; Mourad, le plus jeune, n'avait pas encore cinq ans; il se montrait déjà turbulent et emporté.

Schah-Jéhan parut sur le trône tout différent de ce qu'il fut du vivant de son père. Son ambition satisfaite s'était calmée; il s'occupa du bonheur du peuple. Ceux qui avaient combattu contre lui s'attendaient à éprouver ses vengeances, et il prouva, par des actes multipliés, qu'il ne voulait pas se souvenir des injures.

La révolte de Kan-Lodi, soubah du Dékhan, qui, appelé à la cour, s'était sauvé furtivement, sur l'avis que ses amis lui avaient donné qu'on en voulait à ses jours, tira tout à coup l'empereur (1631) du repos dont il jouissait depuis la mort de son père. Les commencements de la campagne furent peu décisifs; mais à l'arrivée du vizir Azaph-Jâh, qui prit le commandement de l'armée, Kan-Lodi, battu dans toutes les rencontres, chercha son salut dans la fuite. Atteint par un détachement de cavalerie mogole, il voulut se défendre et périt malheureusement.

Ce fut vers cette époque (1633), à son retour dans Agra, que l'empereur, vainqueur des Indous sur la terre, voulut envahir leur olympe et faire la guerre à leurs dieux. Une multitude d'idoles furent renversées et brisées, ce qui causa beaucoup de désastres particuliers : un grand nombre d'Indous périrent en défendant leurs autels. Schah-Jéhan, s'apercevant alors que cette persécution était aussi impolitique qu'elle avait été cruelle, prit des mesures pour qu'elle cessât; mais, pour ne pas rester inactif, il résolut d'attaquer les Portugais, qui s'étaient établis sur le bord de l'Hougly, une des bouches du Gange. Ils avaient obtenu de Jéhanghirre la faculté d'y fonder un comptoir, et y avaient élevé une forteresse qu'ils garnirent de grosse artillerie. Les Portugais ne s'étaient pas bornés à cette usurpation : ils exerçaient des vexations sur les naturels, levaient des impôts, imposaient une taxe sur tous les bâtiments qui montaient ou descendaient le canal. L'ordre fut envoyé au soubah d'expulser les Portugais à tout prix et de détruire leur établissement; cet ordre fut exécuté à la lettre.

Deux ans après (1635), Mohâbet, qui ne pouvait guère s'accommoder d'une longue oisiveté, offrit à l'empereur de conquérir le royaume de Golconde avec les seules troupes qu'il avait sous ses ordres. L'empereur, qui depuis longtemps nourrissait le désir de soumettre le Dékhan, autorisa Mohâbet à tenter une entreprise qui rentrait si bien dans ses propres projets. Mohâbet commença par le siége de Dowlat-Abad, dont la chute devait, dans ses prévisions, lui soumettre tout le Dékhan. Ce qu'il avait pensé arriva : après que Dowlat-Abad eut ouvert ses portes aux Mogols, toute la contrée reconnut l'empereur pour maître, et Mohâbet, ayant pourvu à l'administration de la province, prit avec l'armée la route de Golconde; mais, dès le premier jour, le vieux général, que la gloire ne défendait pas contre les infirmités, tomba gravement malade. Il se fit transporter à Pourhanpour, où il mourut au bout de quelques jours, emportant les regrets de ses nombreux amis.

L'empereur était alors dans le Kaschmir (1637), et les délices de ce pays, où toutes les facultés de son âme semblaient s'énerver dans les jouissances, l'empêchèrent d'abord de donner un successeur à Mohâbet; mais, dès qu'il fut rentré dans Agra, il s'occupa de former une armée tellement nombreuse, que toute résistance fût impossible; Dowlat-Abad fut indiqué à tous les soubahs comme rendez-vous général des troupes. Elles s'y réunirent en effet, et leur nombre fut tel, qu'il fallut en former douze grands corps. Tout le pays fut dévasté, cent quinze villes ou forteresses furent ruinées, et les radjahs n'obtinrent la paix qu'au prix de la servitude. L'empereur prit ensuite la route d'Adjemyr, après avoir donné à son fils Aureng-Zeb le gouvernement du Dékhan; et Aureng-Zeb, malgré sa grande jeunesse, affermit la domination mogole dans la péninsule, tandis que du côté du nord l'empereur rentrait en possession de Kandahar.

L'empire était en paix depuis trois ou quatre ans, résultat dû à la sage administration du vizir et à la conduite mesurée du souverain, lorsque le premier tomba malade et mourut. Il fut vivement regretté de son maître, des grands et du peuple; c'est le meilleur éloge qu'on en puisse faire.

Aureng-Zeb gouvernait toujours le Dékhan, et les grandes qualités qu'il déployait dans ce poste lui avaient fait beaucoup de partisans. Darah, désigné comme devant succéder au trône, craignait les talents et l'ambition d'Aureng-Zeb; il engagea son père à le rappeler du Dékhan; Schah-Jéhan lui envoya l'ordre de passer dans le Moultan. Aureng-Zeb, profondément dissimulé, parut obéir sans murmure et dévora ses ressentiments. Vers le même temps l'empereur envoya son fils Mourad, avec cinquante mille hommes, subjuguer les Usbecks, dont les incursions incessantes, quoique toujours repoussées, étaient un fléau pour les provinces de la frontière. Mourad obtint de brillants succès. Le khan des Usbecks s'enfuit en Perse, et toutes ses villes tombèrent au pouvoir des Mogols. Mourad, qui, de même que ses frères, prétendait à la succession paternelle, demanda qu'il lui fût permis de rentrer dans Agra, sous prétexte de maladie; l'empereur, qui soupçonna le motif d'une demande qui s'accordait mal avec le caractère ardent et guerrier de son fils, lui envoya l'ordre de pousser la guerre avec plus de vigueur. Mourad désobéit; il abandonna l'armée et courut s'enfermer dans Caboul. Aureng-Zeb, qui le remplaça dans le commandement de l'armée, força les Usbecks d'implorer la clémence de l'empereur; il dicta les conditions de la paix. La guerre ne tarda pas à se rallumer dans le nord.

Le roi de Perse avait profité du départ des Mogols pour surprendre Kandahar (1649). Aureng-Zeb fut chargé d'aller reprendre cette ville; mais au bout de trois mois, le défaut de munitions et de vivres ne lui permit pas de continuer le siége. Cependant l'empereur voulait reprendre cette ville, que sa position entre la Perse et le Penjab rendait très-importante. Aureng-Zeb fut encore chargé des opérations du siége; mais la jalousie de ses frères lui suscita tant d'entraves, que, ne pouvant se procurer ni artillerie ni canonniers, ni munitions ni vivres, il reçut avec joie l'ordre que lui envoya l'empereur de s'éloigner de Kandahar et d'aller reprendre son poste au Dékhan, ce qui eut lieu au grand déplaisir de Darah, qui haïssait d'autant plus son frère, que celui-ci, par sa conduite sage et réservée, sa modération apparente, sa bienveillance pour l'armée, se faisait un plus grand nombre d'amis. Darah ne redoutait pas Soujah, qu'il croyait peu capable de se former un parti. Quant à Mourad, il aurait paru dangereux s'il avait eu autant de jugement et de prudence que de valeur et d'activité. Il n'en était pas ainsi d'Aureng-Zeb, qui joignait à une grande bravoure un esprit juste et réfléchi, un caractère ferme et l'expérience acquise avant l'âge par la force de l'observation, et qui, s'il marchait vers un but, le faisait avec une constance que rien ne lassait. Darah, qui surtout lui enviait sa réputation militaire, demanda une armée à son père, et la conduisit à Kandahar, comptant que, s'il prenait cette ville, devant laquelle Aureng-Zeb avait deux fois échoué, il parviendrait sans peine à l'éclipser; mais la fortune fit évanouir ce beau rêve. Plus malheureux encore que son frère, il dut lever le siége avec précipitation. Ce qui fit à Darah le plus de peine, ce fut d'apprendre qu'Aureng-Zeb avait l'air de le justifier en alléguant la force des remparts de cette ville, d'où il avait été repoussé lui-même à deux reprises différentes. L'empereur, qui prévoyait que de sanglantes querelles allaient naître sur sa tombe, voulant les prévenir autant qu'il était en lui, convoqua le conseil des omrahs, leur présenta Darah comme son successeur, le fit reconnaître en cette qualité, et, pour accoutumer ses autres enfants à voir dans leur aîné leur souverain, il déposa dans ses mains une grande partie de son autorité. Soujah et Mourad se plaignirent hautement; Aureng-Zeb cacha au fond de son cœur ses ressentiments et sa haine (1652, de l'hégire 1062).

La promotion d'Émir-Jemla au rang d'omrah eut lieu vers la fin de la même année. Persan d'origine, il était entré au service de Coultoub, roi de Tellingana (1); mais, peu satisfait de ce prince, il se rendit auprès d'Aureng-Zeb, qui gouvernait alors le Dékhan, et qui, devinant ses talents, n'hésita pas à l'employer. Tandis que Jemla recevait des grâces de l'empereur du Mogol, Coultoub, à Tellingana, le faisait déclarer traître et rebelle, confisquait ses biens et emprisonnait son fils. Aureng-Zeb crut trouver là ce qu'il cherchait depuis longtemps : un prétexte plausible pour porter la guerre en Golconde. Jemla fut chargé de poser à Schah-Jéhan la demande que lui faisait Aureng-Zeb d'un renfort de troupes et de son autorisation. Cette demande était motivée sur le refus de Coultoub de payer le tribut, disait Aureng-Zeb, ce qui était de fort mauvais exemple pour les radjahs de la péninsule. Pour argument décisif, il envoyait à son père, dont l'humeur prodigue s'était changée en avarice, un riche présent en diamants et en pierreries ; aussi, malgré l'opposition de son fils aîné, l'empereur consentit aux désirs d'Aureng-Zeb ; toutefois celui-ci, pour ne pas augmenter la jalousie de Darah, remit à son fils Mohammed le commandement des troupes. Le roi de Golconde n'était pas préparé à la guerre. La ville d'Hydrabad, emportée d'as-

(1) *Coultoub*, nom commun des rois de Tellingana, comme celui d'*Adil* pour les princes de Bedjapour. Le Tellingana comprenait une partie considérable de l'ancien royaume de Golconde.

saut, fut livrée au pillage. Coultoub se sauva à Golconde; les Mogols l'y suivirent; il tenta de les repousser par une sortie vigoureuse; mais, repoussé lui-même, il rentra dans Golconde en désordre, et les vainqueurs entrèrent pêle-mêle avec les vaincus. Là, le combat se renouvela, et bientôt les habitants n'eurent pour derniers retranchements que les monceaux de morts tombés sous le fer des Mogols; Coultoub vint se jeter alors aux pieds de Mohammed, le conjurant de faire cesser le massacre. Coultoub devint vassal de l'empire; Mohammed reçut avec la main de Rizia, sa fille, des valeurs considérables en or et en pierreries. Un récit pompeux de cette expédition fut envoyé à Schah-Jéhan. Jemla fut le porteur du message, et soit que, par ses manières douces et adroites, il eût gagné la confiance de l'empereur, soit que l'empereur fût convaincu de son mérite réel, il l'éleva au viziriat, en remplacement de Sadoulla, décédé depuis peu.

Pendant la guerre de Golconde, le roi de Bedjapour ou Visapour était mort, et son fils avait été proclamé *Adil*. Comme ce prince était tributaire de l'empire, Schah-Jéhan prétendit qu'on n'avait pu disposer de la couronne sans son consentement. Ce n'était là qu'un prétexte sous lequel se cachait l'intention de s'emparer du pays. La ville de Bida passait pour imprenable; Adil y avait enfermé ses trésors. Après un mois de siége, elle tomba au pouvoir des Mogols. Aureng-Zeb changea son nom de Bida en celui de Zifferobad (ville de la victoire). Quelques jours après, toute la contrée était soumise, et Adil n'obtint la paix qu'aux conditions les plus dures. Ce fut sur ces entrefaites (1657) qu'on reçut la nouvelle de la maladie de l'empereur. Jemla partit pour Agra, mais, avant de se séparer d'Aureng-Zeb, il se concerta secrètement avec lui pour les mesures à prendre à tout événement. Alors commença la longue comédie qu'Aureng-Zeb ne cessa de jouer que lorsqu'il eut posé sur son front la couronne impériale. Couvert de vêtements simples, grossiers même, menant une vie austère et frugale, s'interdisant toutes les jouissances, s'entourant de fakirs et de docteurs, Aureng-Zeb semblait aspirer à la perfection religieuse plus qu'aux grandeurs de la terre. Toutefois, bien qu'il vécût avec la rigidité d'un ermite, il ne put jamais parvenir à tromper son frère; mais il se fit un parti puissant parmi ceux qui tenaient à la morale du Coran, tandis que Darah passait pour un impie aux yeux des musulmans zélés. Comme la maladie de l'empereur était fort grave, Darah prit en main les rênes du gouvernement, en vertu d'une commission antérieure qu'il avait jusque-là tenue secrète, afin de ne pas alarmer ses frères. Il s'en servit, en cette occasion, pour destituer, emprisonner ou bannir tous les amis d'Aureng-Zeb et de Mourad. Jemla fut le premier que cette mesure atteignit. Schah-Jéhan, s'étant rétabli contre toute attente, parut mécontent du renvoi de son vizir; mais il n'osa pas le réintégrer dans sa charge, pour ne pas mécontenter son fils. Cette faiblesse de l'empereur et sa longue convalescence donnèrent lieu à des bruits étranges. Tantôt on disait que l'empereur était mort, tantôt que Darah l'avait emprisonné ou même empoisonné. Ces bruits étaient accrédités par les trois princes exclus du trône, lesquels, bien que se haïssant réciproquement, se réunissaient dans un sentiment commun d'opposition à leur frère aîné. Chacun dans son gouvernement s'occupa des moyens de soutenir, par les armes (1658, de l'hégire 1068), ses prétentions à l'empire. Soujah les formait par orgueil; Aureng-Zeb, par ambition; Mourad, parce qu'il croyait que le sceptre devait être l'apanage de la valeur; et, d'après la haine qui les rendait ennemis l'un de l'autre, ils prévoyaient que l'un d'eux n'arriverait au pouvoir que sur les cadavres de ses frères. La nation elle-même pressentait un avenir orageux, né de la lutte cruelle qui se préparait. C'est par ces craintes vagues qu'elle éprouvait que peut s'expliquer la douleur universelle que causa la nouvelle du danger de l'empereur, bien que ce prince ne fût ni estimé ni aimé; c'était moins un sentiment d'affection pour sa personne qu'un sentiment d'intérêt pour soi-même.

Soujah fut le premier qui se mit en campagne; il sortit de son gouvernement du Bengale avec une armée nombreuse. Darah envoya à sa rencontre son fils Soliman, qui, traversant le Gange, alla surprendre Soujah dans son camp au milieu de la nuit, et fit de ses troupes un massacre horrible. Soujah eut à peine le temps de se jeter dans un canot et de s'abandonner au courant, qui le porta jusqu'au fort de Monghir, où il s'enferma. Dans le même temps l'armée du Guzzerat proclamait Mourad empereur. Cependant Aureng-Zeb, au fond de son gouvernement, ne recevant aucune nouvelle, parce que Darah faisait enlever tous les courriers, et croyant que son père était mort, s'occupait de lever des troupes pour sa propre sûreté. Un message que Mourad lui envoya par une route détournée lui fit connaître la vérité. Mourad lui proposait une coalition contre l'usurpateur du trône. Aureng-Zeb y donna les mains : il voulait se servir de Mourad pour abattre Darah, comptant bien trouver ensuite les moyens de supplanter Mourad. Il répondit à Mourad dans les termes les plus capables de le flatter. « Quant à moi, disait-il en finissant, je n'aspire qu'à posséder un jour une obscure retraite, où je puisse me consacrer au service d'Allah et terminer ma vie dans la pénitence. » Mourad se laissa prendre à ce langage, et se hâta d'opérer sa jonction avec Aureng-Zeb.

Les deux frères remportèrent une première et

sanglante victoire sur l'armée impériale près de la ville d'Oujein, qui leur ouvrit immédiatement ses portes. Darah, plein d'une aveugle rage, voulut venger sur ses frères la défaite de son général : il sortit d'Agra avec cent mille cavaliers et mille canons. L'empereur avait eu d'abord l'intention de prendre en personne le commandement de l'armée, car il ne se dissimulait pas que Darah vainqueur ne mettrait pas de bornes à ses prétentions et qu'il exigerait la cession de la couronne, et que Darah vaincu livrait la capitale sans défense aux rebelles. Darah, qui devina les intentions de son père, le conjura de ne pas exposer sa personne, jurant qu'il reviendrait déposer à ses pieds les dépouilles des rebelles, et qu'il lui amènerait leurs coupables chefs chargés de chaînes. La fortune trahit sa confiance, et sa déroute fut complète. Aureng-Zeb ne perdit pas un moment; il marcha sur Agra, tandis que Darah fugitif et humilié se rendait à Délhy pour y recomposer une armée. L'empereur, à l'approche des rebelles, s'enferma dans la citadelle, et des négociations furent sur-le-champ entamées; la princesse Jéhanara, fille de l'empereur, se rendit en personne auprès de ses frères. Mourad, qui n'ignorait pas sa prédilection pour Darah, la reçut assez mal; Aureng-Zeb, au contraire, l'emmena dans sa tente et la combla de tant de caresses et de démonstrations d'amitié, qu'elle emporta la conviction qu'Aureng-Zeb ne désirait rien tant que de rentrer en grâce avec son père; il lui promit même d'aller sous deux jours se mettre aux pieds de l'empereur. Celui-ci se hâta d'écrire à Darah, mais la lettre fut interceptée et remise à Aureng-Zeb. L'empereur se montrait dans l'intention de faire arrêter Aureng-Zeb dès qu'il aurait mis le pied dans la citadelle, et même de donner l'ordre de le tuer en cas de résistance. Aureng-Zeb dissimula, mais, le jour fixé pour l'entrevue étant arrivé, il écrivit à son père une lettre dans laquelle, s'avouant coupable et digne des plus grands supplices, il donnait à entendre que sa personne pourrait ne pas être en sûreté; il le priait de recevoir son fils Mohammed *avec quelques cavaliers* pour lui servir d'escorte. Schah-Jéhan, qui brûlait de tenir le prince en ses mains, accorda tout ce qu'on voulut. Mohammed fut admis dans la citadelle avec une troupe d'élite; mais quand l'empereur impatient se plaignit de ce qu'Aureng-Zeb se faisait bien attendre, Mohammed, qui s'était assuré de tous les postes, lui déclara que lui-même était son prisonnier. Schah-Jéhan se livra d'abord à un violent accès de fureur; ensuite il tenta la fidélité de Mohammed en lui offrant l'empire: ce fut en vain; le surlendemain il fut obligé de remettre les clefs des portes de la citadelle. Aureng-Zeb, informé par son fils de ce qui s'était passé, se rendit à la tente de Mourad et le salua du nom d'empereur. Mourad, au comble de ses vœux, lui offrit toutes les récompenses. « Celui qui n'aspire qu'à servir Dieu, répondit l'hypocrite Aureng-Zeb, n'a pas besoin du bien de ce monde. Je ne veux que votre agrément pour accomplir mon pèlerinage à la Mecque, et à mon retour un coin de terre pour y finir ma vie. »

Cependant Darah se disposait à revenir sur Agra, Aureng-Zeb ouvrit l'avis d'aller immédiatement à sa rencontre, pour ne pas donner à ses soldats, de nouvelle levée, le temps de s'aguerrir; mais, trop prudent pour confier à Mourad le soin d'une bataille qui devait être décisive, il différa son *départ pour la Mecque*, demandant encore une fois à servir *son empereur*. Les amis de Mourad, qui depuis quelque temps épiaient les démarches d'Aureng-Zeb, conçurent des soupçons qu'ils firent partager à Mourad. Celui-ci résolut d'empoisonner son frère, qui, prévenu à temps, déjoua les machinations de ses ennemis; mais, sentant qu'il n'avait plus rien à ménager, il attira Mourad dans sa tente par l'appât d'une brillante fête. Accueilli par tous les plaisirs, vaincu par les enchantements qui se pressèrent autour de lui, soumis à l'effet des liqueurs enivrantes qui lui furent versées, Mourad s'endormit profondément. Aussitôt les ordres d'Aureng-Zeb s'exécutèrent; Mourad, dépouillé de ses armes, fut chargé de liens. Il se réveilla en sursaut, appelant ses gardes et demandant son épée; mais il n'entendit que son frère qui d'une voix sombre proférait ces mots : *la soumission ou la mort ! qu'il choisisse;* et des épées nues brillaient sous les yeux de Mourad. L'infortuné baissa la tête, et cessa de lutter contre les chaînes qui opprimaient ses membres. Le lendemain le prince et son principal ministre furent transférés au château d'Agra. A la nouvelle de ce dénouement, Darah, qui de tous ses frères ne craignait qu'Aureng-Zeb, s'était retiré du côté de Lahore pour tâcher d'augmenter ses forces. Aureng-Zeb profita de son éloignement pour se faire couronner dans Agra. Il était alors âgé de quarante ans, et, suivant l'usage des princes de sa famille, il prit le nom d'Alloumghire, conquérant du monde, (2 août 1658.)

Schah-Jéhan reçut avec plus d'indignation que de douleur la nouvelle de l'intronisation d'Aureng-Zeb. Après avoir passé trente ans sur le trône avec bonheur, mais avec plus d'éclat que de véritable gloire, il s'en voyait chassé par un de ses fils auquel il avait malheureusement donné l'exemple de la révolte, souvenir cruel qui rendait l'adversité plus amère ; mais il résolut de la supporter avec courage et de se montrer plus digne du diadème au moment où une main sacrilége l'arrachait de son front.

CHAPITRE X.

Règne d'Aureng-Zeb. — Progrès des établissements européens. — L'empereur est vainqueur de tous ses frères ; défection de son fils Mohammed. — Révolte des Afghans. — Longue paix. — Mort de l'empereur. — Mahrattes et Sickhs. — Suite de l'histoire des établissements européens.

Sous le règne qui finissait, les établissements européens avaient fait peu de progrès. Schah-Jéhan n'aimait pas les étrangers, les Européens moins que les autres, parce qu'ils étaient chrétiens, et il confondait dans sa haine les Portugais, les Hollandais et les Anglais. Il ne leur fermait pas le chemin de ses États, parce qu'il sentait que leur concours dans ses villes donnait de l'activité au commerce, mais il les surchargeait de taxes, les soumettait à de vaines formalités, et ne souffrait pas qu'ils entourassent leurs comptoirs de fortifications. Les Européens jouissaient de plus de faveurs sur les côtes de la péninsule non encore soumises par les Mogols, mais ils en profitaient peu parce qu'ennemis déclarés les uns des autres, ils ne cherchaient qu'à se nuire par tous les moyens.

Les Anglais avaient été chassés par les Hollandais des îles Moluques; ceux qui, aux termes du traité de 1619, étaient restés dans ces îles (1), et principalement à Banda et Amboine, y furent presque tous assassinés. Le gouvernement ne prit aucune mesure pour les venger, ni pour prévenir de nouveaux désastres. Toutefois les directeurs de la compagnie ne perdirent point courage, et, remplaçant par leur propre énergie les secours que le gouvernement leur refusait, ils parvinrent à réparer en grande partie la perte qu'ils avaient faite. Leurs marchands, il est vrai, ne recevaient les marchandises que de seconde main, mais ils se pourvoyaient dans les marchés de l'Inde. Plus tard ils obtinrent un établissement au Japon, d'où ils tentèrent d'ouvrir des relations avec la Chine. Charles Ier, successeur de Jacques, se montra dis-

(1) Pour avoir part au commerce des épiceries, les Anglais avaient fondé plusieurs comptoirs dans les îles. Les Hollandais, maîtres de *Jacatra*, qu'ils appelèrent Batavia, s'attachèrent à les détruire, et ils y réussirent en grande partie. Le traité de 1619 permettait aux Anglais de garder leurs comptoirs de Banda et d'Amboine. Après l'assassinat dont il s'agit ici, le roi Jacques qui régnait alors demanda aux états généraux des réparations, mais cette demande n'eut aucune suite.

posé à protéger la compagnie; mais les malheurs qui l'accablèrent lui-même rendirent sa bonne volonté inutile. Cromwell adopta les intentions de Charles; il déclara la guerre aux Hollandais, et par le traité de 1654, ces derniers s'obligèrent à indemniser les spoliés de Bantam et de Java. Plusieurs escadres croisèrent dans les mers de l'Inde, et les affaires de la compagnie devinrent si florissantes, qu'elle dut faire une seconde émission d'actions. A la même époque, les Portugais faisaient chaque année des pertes nouvelles de territoire. En 1655, les Hollandais s'emparèrent de Calicut; ils prirent ensuite Columba, chef-lieu des établissements de Ceylan; la riche pêcherie de perles de Monara tomba aussi dans leurs mains. La fortune les dédommageait en Asie des humiliations qu'ils essuyaient en Europe; là, elle les plaçait bien au-dessus des Portugais, dont la domination devenait de plus en plus odieuse aux naturels. Il faut ajouter aux causes de décadence de cette puissance, la faute grave de la cour de Lisbonne, qui céda aux Anglais le port, la ville et l'île de Bombay, sur la côte du Guzzerat, pour tenir lieu de dot à l'infante Catherine, épouse de Charles II. Ce prince avait confirmé les priviléges accordés par le *Protecteur* à la compagnie; après son mariage, il lui céda Bombay en pleine propriété. Il faut dire que les Portugais faisaient peu de cas de l'objet cédé; un sol sablonneux, un air corrompu, des marais insalubres, un poste très-peu susceptible de défense, tout cela ne pouvait guère attirer les possesseurs de Goa; mais en peu d'années les Anglais leur prouvèrent que dans les lieux mêmes où la nature paraît ingrate et stérile, il n'est rien qu'elle ne puisse accorder à l'industrie humaine bien dirigée. Alors les Portugais s'aperçurent de leur imprudence, et essayèrent d'entraver les Anglais et de leur susciter des ennemis chez les naturels et chez les Mogols. Tous leurs efforts furent infructueux, et l'état florissant de Bombay, sous la direction de la compagnie, put annoncer dès lors tout ce que la fortune réservait à son ambition et à ses armes.

Jusque-là le Portugal, la Hollande et l'Angleterre s'étaient partagé le commerce de l'Inde. Une quatrième puissance vint avec des prétentions qu'elle appuya par des escadres et des soldats, et fit faire à ses premiers essais des progrès si rapides, que l'Inde parut longtemps destinée à devenir sa conquête. « Les Français, a dit un écrivain anglais, sont plus propres aux exploits militaires qu'aux opérations commerciales. Maîtres d'un pays riche et fertile, ils ne sont pas, comme les Hollandais, poussés par la nécessité vers les expéditions maritimes; c'est le désir de la gloire qui les excite plus que la soif de l'or. » Cependant l'exemple des autres peuples les avait remplis d'émulation, et, protégés par la politique de Richelieu, ils avaient fondé un comptoir à Madagascar. C'était un relais placé sur la route de l'Inde. Une compagnie s'était formée vers l'an 1604, mais les associés se séparèrent sans avoir rien fait. Une seconde compagnie envoya quelques vaisseaux, qui s'arrêtèrent à Madagascar, ce qui amena la dissolution de cette seconde association. Il en fut à peu près de même d'une troisième compagnie à laquelle un privilége de vingt ans avait été accordé; mais en 1664, le commerce des Indes orientales excita la sollicitude du roi et de son ministre : Louis XIV et Colbert. Une compagnie nouvelle reçut des statuts, des réglements, des immunités et des secours effectifs. Le roi avait tant à cœur la prospérité de ce commerce, qu'il déclara, par un édit solennel, que le commerce de l'Inde ne ferait point déroger les nobles qui s'y livreraient, quel que fût leur rang. Un premier établissement se forma dans Surate (1668), et peu de temps après, les comptoirs se multiplièrent sur la côte de Malabar. L'année suivante, les Français obtinrent du radjah de Golconde la faculté de construire des factoreries à Masulipatan et sur divers points de la côte de Coromandel. Un autre établissement se forma dans l'île de Java, mais les Français ne le conservèrent que jusqu'en 1682; il fut pris par les Hollandais. Ces commencements étaient heureux, mais la suite n'y répondit pas; la compagnie fit peu d'affaires, ce qu'on peut attribuer à la mauvaise administration des directeurs qui voulaient soumettre à leurs préjugés nationaux des hommes et un pays qu'ils ne connaissaient pas; aux entraves que les fermiers généraux et l'amirauté lui opposaient fréquemment; à la guerre que lui fit la Hollande, et surtout aux traitants privilégiés qui refusaient la plus grande partie de ses marchandises. Aussi mit-elle peu d'importance à conserver ses comptoirs. Ceux de Balasor et d'Hougly au Bengale, celui de Saint-Thomé furent abandonnés par leurs habitants, qui allèrent chercher un asile à Pondichéry, petite ville alors dépendante du royaume de Bedjapour.

Avant la révolution qui l'élevait à l'empire, Aureng-Zeb se montrait favorablement disposé envers les Français; mais en ce moment il avait trop d'inquiétudes pour s'occuper d'intérêts de commerce; mille dangers l'entouraient sur son trône, et il avait besoin de toute la force de son caractère pour ne pas s'effrayer à l'aspect des tempêtes qui s'annonçaient. Ce qui rendait sa situation plus critique, c'était la disposition des esprits, qui lui étaient peu favorables. Les troupes semblaient n'obéir qu'à regret. S'il paraissait devant elles, on n'entendait pas de murmures, mais à la contenance morne des soldats, à l'expression de leurs traits, à leur sombre silence, il était facile de voir que le mécontentement germait dans leurs cœurs. Malgré tout, il éprouvait un secret pressentiment de succès qui le poussait à poursuivre sa marche d'un pas ferme dans la carrière où il était entré. Darah était à Lahore, son fils Soliman se disposait à l'aller joindre; Soujah, dans le Bengale, affectait l'indépendance; Schah-Jéhan conservait des partisans nombreux; Mourad, lui-même, avait les siens; et cependant Aureng-Zeb ne désespéra pas de sa fortune, et la fortune seconda son génie. Soliman, poursuivi d'un côté par Soujah, de l'autre par les troupes d'Aureng-Zeb, et manquant d'argent, ne tarda pas à se voir abandonné de ses troupes; il arriva presque seul au Kaschmir. Darah, qui avait pris le chemin d'Agra, comptant qu'à son arrivée les amis de son père viendraient se joindre à lui, apprenant d'une part qu'Aureng-Zeb s'avançait pour le combattre, recevant de l'autre de tristes nouvelles du Kaschmir, se sauva vers l'occident; Aureng-Zeb le fit poursuivre par un détachement de cavalerie, et, sans perdre un moment, il conduisit son armée à la rencontre de Soujah, qui avait réuni des forces considérables. Les deux armées se rencontrèrent (le 13 janvier 1659, de l'hégire 1069) dans une plaine d'environ trois quarts de lieue d'étendue, à une journée d'Allahabad. La bataille fut longue et meurtrière. Aureng-Zeb courut les plus grands dangers; l'éléphant qu'il montait, épuisé de fatigue, tomba sur ses genoux; l'amari impérial (1) chancela. L'em-

(1) C'est un siége surmonté d'un dais et entouré de balustrades, destiné à l'empereur.

pereur fut sur le point d'en sortir. *Que fais-tu?* lui cria Jemla, *tu descends du trône!* Aureng-Zeb sourit à ce reproche et resta dans son amari, et comme l'éléphant épouvanté cherchait à sortir de la mêlée, l'empereur ordonna qu'on l'attachât avec des chaînes.

L'exemple est pour les hommes un aiguillon puissant. Quand les soldats virent l'empereur exposer généreusement sa vie pour rester au milieu d'eux, ils redoublèrent d'efforts et finirent par mettre le désordre dans les rangs ennemis. Soujah tenta, mais inutilement, de rallier ses troupes; la déroute devint générale, et lui-même chercha son salut dans la fuite. L'empereur envoya Mohammed à sa poursuite, et chargea Jemla de le soutenir; il reprit lui-même le chemin d'Agra.

Cependant Darah n'avait trouvé d'asile que vers les bouches du Sindh, au delà de Talta; mais bientôt, le radjah qui avait accueilli le prince fugitif, craignant d'attirer sur lui-même les armes d'Aureng-Zeb, s'empara de la personne du prince, qu'il livra au général de l'empereur, Khan-Jéhan. Quelques démonstrations indiscrètes d'intérêt des habitants de Délhy pour les infortunes du prisonnier, causèrent sa mort. Aureng-Zeb connaissait les hommes; il savait que lorsque les esprits fermentent, il ne faut souvent qu'un chef pour opérer une révolution; deux officiers afghans se chargèrent d'assassiner Darah. Quand ils apportèrent à l'empereur la tête de la victime, toute souillée de sang, il ordonna d'abord qu'on la lavât; ensuite, après qu'il l'eut bien reconnue, il laissa échapper ces mots : *Le malheureux!* qu'il accompagna de larmes hypocrites.

Peu de temps après, Émir-Jemla qu'il avait nommé général en chef, au grand déplaisir de son fils Mohammed, qui croyait avoir à ce titre des droits incontestables, fut envoyé avec une armée aguerrie dans le Bengale, où Soujah venait pour la troisième fois de réunir une armée. Jemla, le trouvant fortement retranché, canonna durant six jours entiers l'enceinte de son camp, et le septième jour il fit tous les préparatifs d'un assaut. Soujah ne l'attendit pas; il décampa à la faveur de la nuit. La saison pluvieuse qui commençait protégea sa retraite et força l'armée impériale à rester plusieurs mois au poste qu'elle venait de conquérir. Soujah profita de ce temps de repos pour renforcer son armée. Il acheta de l'artillerie aux divers établissements étrangers, et beaucoup d'Européens entrèrent à son service. Ces nouvelles, jointes à la défection de son fils Mohammed, survenue dans le même temps, remplirent l'empereur d'assez justes alarmes.

Jaloux de la prééminence que Jemla obtenait sur lui, Mohammed avait quitté le camp impérial pour se rendre à celui de Soujah, comptant que son exemple entraînerait la meilleure partie de l'armée, mais il arriva presque seul, ce qui n'empêcha pas Soujah de l'accueillir avec joie et de lui confier le commandement supérieur de ses troupes. Pour cimenter cette alliance des deux princes rebelles (1), Soujah donna pour épouse à Mohammed une de ses filles. Aureng-Zeb, en usant de stratagème, fit naître dans l'esprit de Soujah les plus violents soupçons contre son gendre; malgré les protestations de Mohammed, Soujah exigea leur séparation. Mohammed partit avec son épouse, et, dévoré de regrets, il se rendit au camp de Jemla. Celui-ci le reçut aussi bien qu'il pouvait le faire, mais il ne put s'empêcher de l'envoyer à Délhy, où l'empereur faisait sa résidence. Aureng-Zeb ne voulut pas le voir, et dès le lendemain il le fit transférer à Goualior, dont les portes s'ouvrirent pour le recevoir et se refermèrent sur lui pour jamais. Il y mourut sept ou huit ans après de douleur et de misère, oublié de son père, de sa famille et de la nation.

Cependant Soujah, forcé de combattre, avait essuyé une défaite complète (1640, de l'hégire 1070). Jemla, profitant de la victoire, le poursuivit pas à pas et le força d'aller demander un asile au delà du Brahmapoutie, au radjah d'Arracan, qui d'abord le reçut assez bien et qui, bientôt après,

(1) Soujah avait reconnu formellement Aureng-Zeb et lui avait demandé le gouvernement du Bengale.

craignant d'attirer sur lui les armes d'Aureng-Zeb, se saisit de sa personne et le fit périr (1). Ses deux fils, dont l'un était encore enfant, furent massacrés. Il manquait à la sûreté d'Aureng-Zeb une dernière victime; c'était Soliman, fils de Darah. Ce jeune prince vivait retiré dans le Kaschmir, souffert par le radjah, mais n'attendant rien de lui. Le radjah avait longtemps résisté aux instances de l'empereur; à la fin il se laissa corrompre, et le malheureux Soliman fut condamné à perdre lentement la vie dans les sombres cachots de Goualior (2). Ainsi Aureng-Zeb n'avait plus d'ennemis; le vieux Schah-Jéhan était oublié, le peuple s'accoutumait à voir l'usurpateur sur le trône, et celui-ci s'efforçait de se montrer digne de l'empire. Il y parvint par une administration douce, sage, paternelle, qui ne se démentit dans aucune circonstance et qui rendit glorieux et prospères les cinquante ans de règne que le Ciel lui destinait encore. Il s'attacha surtout à effacer jusqu'à la plus légère trace de l'esprit de parti, soit

(1) On dit qu'il le fit placer dans un canot, dont ceux qui le conduisaient avaient ordre d'ouvrir le fond qui n'était fermé que par une planche mobile.

(2) Tous les prisonniers d'état, qu'on enfermait dans cette forteresse, y périssaient au bout d'un temps plus ou moins long. On les forçait tous les matins de boire le *poust*, forte infusion de pavots dans l'eau simple. Ce breuvage attaquait le système nerveux et produisait un affaiblissement progressif au moral et au physique, lequel aboutissait toujours à la mort.

en donnant l'exemple aux autres de l'oubli des injures, soit en gagnant ses ennemis par des faveurs corruptrices, soit en prodiguant à ses partisans les honneurs et les richesses. Aussi les monarques voisins, qui étaient restés spectateurs des divisions intestines de l'Inde, rendirent-ils hommage aux talents d'Aureng-Zeb; et trouvant probablement le droit là où étaient la force et le bonheur, ils lui envoyèrent des ambassadeurs pour le complimenter et lui demander son alliance (1661).

Quelques révoltes partielles furent promptement apaisées. Jemla, qui avait reçu le gouvernement du Bengale, entreprit et termina la conquête du royaume d'Assam, dont la possession ouvrait à l'empereur toutes les routes de l'Inde transgangétique. Ce fut par cet exploit que ce fidèle serviteur termina sa brillante carrière; il fut victime d'une épidémie meurtrière qui se déclara dans son armée. Les soldats le pleurèrent; l'empereur donna de vifs regrets à sa perte. Schah-Jéhan ne tarda pas à suivre Jemla dans la tombe (1666). Après la mort de son père, Aureng-Zeb n'eut plus rien à craindre de l'inconstance populaire, seulement il eut quelques guerres à soutenir, peu importantes il est vrai, mais longues et opiniâtres; il les termina heureusement; la fortune ne se lassait pas de le protéger. Les Afghans donnèrent quelque peine; mais à la fin l'ascendant d'Aureng-Zeb l'emporta, et ils furent presque tous exterminés. Une ligne de forteresses s'éleva sur les montagnes, une armée permanente campa dans la contrée, et tous les germes de révolte furent étouffés.

De retour dans sa capitale (1676), l'empereur, égaré par son zèle pour l'islamisme, voulut convertir les Indous, et, pour y réussir, il égorgea leurs prêtres, brûla leurs idoles, démolit leurs temples, dégrada tous les objets de leur culte. Cette conduite était peu propre à gagner les Indous, ils se révoltèrent; il fallut leur opposer des armées, le sang coula de part et d'autre, mais aucun Indou ne changea de croyance. Un des fils de l'empereur, Akber, qu'il voulait mettre sur le trône à la place de Schah-Alloum, qui, en se révoltant, avait perdu l'affection paternelle, saisit ce moment pour se révolter de son côté contre son père, sans aucune cause apparente (1681). L'empereur avait été fils ingrat et rebelle; il eut des enfants qui lui ressemblèrent. Akber alla même plus loin que son père; trouvant sans doute les chances de la guerre trop incertaines, il voulut faire assassiner celui qu'il n'espérait pas pouvoir vaincre. Un officier patan, chargé de l'exécution du crime, fut découvert au moment où il allait le commettre. Les soldats de la garde le déchirèrent en lambeaux. Peu de temps après, Akber, réduit aux plus cruelles extrémités, se retira auprès de Sanbaji, chef des tribus Mahrattes. Celui-ci le reçut à bras ouverts, et s'engagea même à le conduire à Bourhanpour avec cinquante mille hommes. Aureng-Zeb craignait les talents et l'audace du chef mahratte ; il fit marcher contre lui trois armées. La guerre fut terminée par la fuite d'Akber, qui prit le parti de se réfugier en Perse (1684). Comme dès ce moment la guerre contre les Mahrattes n'avait plus d'objet, Aureng-Zeb se contenta de laisser quelques troupes dans le Guzzerat, et il porta ses armes contre les radjahs de Bedjapour et de Golconde, qui avaient de nouveau recouvré l'indépendance. Ces deux puissants royaumes, si populeux, si fertiles, si riches, devinrent des provinces de l'empire mogol (1687). Il restait encore à soumettre les radjahs du Carnatic, de Maïssour (Mysou) et de Tanjaour; l'empereur, dont la présence devenait nécessaire à Délhy, abandonna le soin de suivre cette guerre à ses généraux.

Cependant les Mahrattes commençaient à devenir dangereux par leur nombre et par leur courage. Aureng-Zeb attira Sanbaji dans un piége, et il le fit périr par un affreux supplice; acte de barbarie inutile qui, loin d'épouvanter les Mahrattes, ne fit qu'augmenter leurs ressentiments. Toutefois, on prit contre eux des mesures si efficaces, qu'ils ne purent rien entreprendre. Aureng-Zeb, avant de mourir, eut la satisfaction qu'il avait toujours désirée et qu'il payait par de longues fatigues : c'était de voir sa domination reconnue depuis le cours du Sindh jusqu'au cap Comorin, et depuis les rivages occidentaux de l'Océan jusqu'aux montagnes qui bornent à l'orient le Bengale, l'Oude et le Sewalic.

Aureng-Zeb vécut encore vingt ans. La conquête du riche royaume de Golconde termina la carrière militaire et politique de cet homme extraordinaire. Il paraît d'après quelques lettres écrites à ses fils, sur la fin de sa vie, que le souvenir de ses crimes et les remords qui l'accompagnaient troublèrent ses dernières années. Quand il pensait à la vengeance céleste, il se remplissait de terreur, et, quoiqu'il parlât souvent de la bonté d'Allah, il redoutait sa justice plus qu'il n'espérait en sa miséricorde. Le vendredi 21 février 1707 (de l'hégire 1118), il rentra dans son appartement après avoir accompli ses dévotions du matin; soudain il perdit connaissance, l'instant d'après il n'était plus. Fléau de sa famille, Aureng-Zeb s'était toujours montré musulman zélé. Était-il de bonne foi? Ne fut-il qu'un adroit hypocrite? Ce qui est certain, c'est qu'il soutint avec persévérance pendant sa longue carrière de quatre-vingt-dix ans, le genre de vie qu'il s'était imposé: ne vivant que d'herbes et de racines, s'abstenant de liqueurs fermentées, n'accordant à ses repas que quelques minutes, mais passant plusieurs heures à la salle d'audience, en donnant deux ou trois à ses pratiques de dévotion, couchant presque toujours sur la dure, enveloppé dans une peau de tigre.

Considéré comme administrateur et souverain, il ne mérita que des éloges, car il s'occupa constamment du bonheur du peuple. Il n'a pas eu moins de droits à l'estime, par l'étendue et la variété de ses connaissances. Ses dépêches et ses ordonnances, qu'il écrivait lui-même, se font remarquer par la précision et l'élégance du style. Il créa des universités, des colléges et des écoles, dont les maîtres et les professeurs étaient salariés par l'État; il voulait que la nation pût s'instruire; mais, comme tout autour de lui devait porter un caractère marqué d'autorité, il bannit les bouffons, les baladins, les comédiens, les danseurs et même les musiciens. Dans la distribution de la justice, il se montra toujours inflexible; ni la richesse ni le rang ne pouvaient sauver le coupable. Il s'était accoutumé de fort bonne heure à l'expédition des affaires; il s'était appliqué surtout à savoir apprécier et juger les événements et les hommes. Il avait des tablettes secrètes sur lesquelles il inscrivait, jour par jour, ses observations sur les faits et sur les individus; ces tablettes lui montraient à nu le naturel, les habitudes, le talent de tous ceux qu'il employait. Gemelli, qui l'avait vu souvent dans son camp de Visiapour, dit qu'il était de stature moyenne, et d'un tempérament sec, qu'il avait la barbe blanche, le nez aquilin et le teint olivâtre; il marchait appuyé sur un bâton; son dos commençait à se courber, mais ses yeux conservaient tout leur feu. Il avait alors quatre-vingts ans. Il affectait dans ses manières beaucoup de bonhomie et de simplicité; il donnait à ses traits, exercés de bonne heure à la dissimulation, une expression de bienveillance. Malgré son zèle pour la loi du prophète, il ne repoussait pas ceux dont la religion était différente ou ennemie de la sienne. Il ne se montra intolérant qu'avec les Indous. Il couvrit le sol de l'Indoustan d'édifices publics; la magnificence est dans tous subordonnée à la solidité, et l'utile y passe avant l'agréable. De Caboul à Aureng-Abad, et du fond du Guzzerat à l'extrémité du Bengale, il fit construire de lieue en lieue des hôtelleries publiques, où les voyageurs étaient reçus et entretenus aux frais du gouvernement. On leur fournissait le bois, les ustensiles, le riz et les légumes. Les caravansérais déjà existants furent soumis au même régime. Toutes les petites rivières eurent des ponts; les grands fleuves, des bacs bien servis. Dans beaucoup de villes, on vit s'élever des hospices pour les pauvres, pour les malades, pour les soldats mutilés ou estropiés à la guerre.

Ce prince laissait trois fils et un testament qui commençait par ces mots : ***Je suis entré nu dans le monde, j'en sors nu.*** Comme il n'ignorait pas que ces sortes d'actes émanés des souverains ne reçoivent d'exécution qu'autant que cela convient à ceux qui héritent du pouvoir ou qui l'usurpent, il ne désigna pas de successeur, il manifesta seulement des craintes sur la possibilité de la guerre civile entre ses enfants. L'événement justifia ses prévisions. La puissance mogole finit avec Aureng-Zeb. Les troubles qui suivirent sa mort servirent de prélude aux longues tempêtes qui devaient briser le sceptre du grand Akber dans les mains inhabiles de ses faibles successeurs. Aussi, quand on considère les événements qui se succédèrent dans la première moitié du dix-huitième siècle, emportant dans leur cours tumultueux les institutions qui semblaient le mieux affermies; quand on réfléchit à ce passage si prompt de la force à la faiblesse, du lustre que donne la victoire à la honte des défaites, du faîte des prospérités aux plus effrayants revers; qu'on voit ce trône tomber, renversé par l'orage, au fond d'un abîme où ses débris mêmes s'engloutissent et disparaissent, on reste convaincu que les principes de vie qui animaient le vaste empire fondé par Akber étaient moins dans les ressorts du gouvernement que dans le génie du prince qui gouvernait, et que les germes de dissolution se trouvaient au contraire dans la constitution de l'État.

Une des causes les plus actives de cette décadence se trouva dans l'apparition des deux peuples dont les historiens n'ont commencé à parler qu'à dater du règne d'Aureng-Zeb : les Mahrattes et les Sickhs. Les premiers, issus des Radjepouts, n'ont pris le nom de Mahrattes qu'au temps de leur chef

Sévaji, qui les affranchit du joug mogol et les éleva par les armes au rang des nations. Quant aux Sickhs, ils formèrent dans l'origine une secte religieuse, séparée par les mœurs et les doctrines du reste de la nation; cette secte admettait tous ceux qui en adoptaient les principes. Devenus très-nombreux par ces agrégations, et ne contractant d'alliances et de mariages qu'entre eux, les Sickhs ont fini par être une nation indépendante. Ils ont profité des troubles qui suivirent la mort d'Aureng-Zeb pour travailler à leur entier affranchissement. Le gouvernement actuel des Sickhs se compose de cantons confédérés, dont chacun a un chef particulier. L'assemblée générale de ces chefs forme le *gouroumata* ou conseil national. Le gouroumata peut, en cas de danger, nommer un chef suprême, une espèce de dictateur pour un temps limité. Les Sickhs forment aujourd'hui un État puissant : ils peuvent mettre cent mille hommes sous les armes.

Nous avons dit que le règne d'Akber avait été, pour les Portugais, une époque de décadence. Quand ce prince mourut, ils n'avaient plus que onze factoreries. Goa continuait d'être la capitale de leurs établissements; mais Goa même annonçait, par de sinistres symptômes, une ruine prochaine. Les Hollandais jouissaient depuis un siècle des dépouilles des Portugais. Menacés à leur tour par de plus dangereux ennemis, ils étaient près de voir périr dans leurs mains la domination qu'ils avaient usurpée. Les Moluques leur fournissaient des épiceries; Cochin, le poivre du Malabar; plusieurs factoreries qui s'étendaient jusqu'au golfe de Cambaye, les denrées de l'intérieur; ils possédaient aussi, sur la côte orientale, la ville de Sadras, entre Madras et Pondichéry, et celle de Paliacate, autrefois renommée pour ses tissus et ses mouchoirs; mais tous ces établissements penchaient vers leur ruine. Il semble que cet état de décadence était dû à la constitution des Hollandais, plus commerciale que militaire, et à l'avilissement dans lequel ils tenaient les militaires qui entraient au service de la compagnie, préjugé aussi absurde qu'injuste.

Une cause diamétralement opposée produisit plus tard l'affaiblissement de la puissance des Français. Les Hollandais, trop marchands, révoltaient par leur avidité ceux qu'ils voulaient soumettre. Les Français, se jettant avec plus de courage que de prudence dans la carrière des conquêtes, laissaient trop voir des intentions dominatrices; ils eurent plus d'ennemis secrets que d'alliés sincères dans les princes du pays, musulmans ou Indous, de qui d'ailleurs les Anglais entretenaient avec soin la jalousie et la méfiance. Ces derniers s'annonçaient comme n'ayant pour but que les intérêts du commerce; mais, à peine avaient-ils obtenu la faculté d'ériger un comptoir, qu'ils l'entouraient d'assez de force réelle pour le soutenir contre les entreprises des naturels et surtout contre la malveillance des Européens. A la mort d'Aureng-Zeb, ils avaient quatre-vingt-dix-sept factoreries, tant sur les deux côtes que dans l'intérieur de l'Indoustan et de la péninsule. Les Français n'en avaient que sept; les Danois deux, dont le principal était Trinkbar, non loin de Karical.

Le chef-lieu des établissements français était Pondichéry. Quand le ministre Colbert créa une compagnie des Indes, il n'avait nullement songé à rendre les Français souverains à Surate; il ne voulait que de simples factoreries, des comptoirs de commerce. Plus ambitieux et moins prévoyants, les directeurs de la compagnie imaginèrent d'attacher aux intérêts du commerce la gloire des conquêtes. Dès l'an 1677 leur agent Martin avait affermé aux environs de Pondichéry un hameau qui se peupla d'Indous en peu de temps. Huit ou neuf ans après, Martin acheta la ville de Pondichéry et son territoire, d'une lieue environ de circonférence. Pondichéry n'avait point de port, mais sa rade est à l'abri des ouragans qui désolent périodiquement ces mers à l'époque du renversement des moussons. La hauteur voisine de Pérembé, par sa teinte rougeâtre, servait aux vaisseaux de point de reconnaissance, et la rivière d'Ariancoupan pouvait, avec quelques travaux, donner à son embouchure un port vaste et commode. Au fond, cette acquisition parut bonne à conserver. Martin éleva pour sa défense un fort carré dont les quatre côtés étaient protégés par autant de tours. Le rapide accroissement que prit cette métropole naissante du commerce français excita la jalousie des Hollandais, qui, trop faibles à cette époque pour agir à force ouverte, tentèrent d'exciter les petits souverains de la contrée contre leurs nouveaux hôtes. N'ayant pu réussir, ils se liguèrent avec les Anglais, afin d'assiéger la ville par terre et par mer. Martin ne manquait pas de courage, mais il n'avait que cinquante hommes de garnison, et les assiégeants, au nombre de quinze cents, traînaient après eux cinquante pièces d'artillerie. Martin fut obligé de capituler, après douze jours de siége (1693). Les Hollandais ajoutèrent quelques fortifications à celles de Pondichéry, que la paix de Riswick les obligea d'abandonner. La compagnie envoya pour lors à Martin l'ordre de mettre la place en état de soutenir un siége, et elle lui envoya deux cents Européens. En moins de dix ans, cette ville acquit beaucoup d'importance; elle renfermait soixante mille habitants. Vers le commencement du dix-huitième siècle, elle fut entourée de fortes murailles, que flanquaient dix-sept gros bastions. L'enceinte nouvelle et la citadelle n'ont été construites que longtemps après la mort d'Aureng-Zeb. Tandis que

Pondichéry voyait sa prospérité s'accroître rapidement, d'autres établissements se formaient : Balassor dans le Kattek ; Chandernagor sur la rive droite de l'Hougly; Daca, Patna, Casseinbazar; Calicut, Mahé sur la côte de Malabar. Balassor serait devenu très-important par les relations qui se seraient établies avec les Mahrattes orientaux; Mahé assurait à la France le riche commerce du poivre; Surate servait d'entrepôt pour les draps et les dorures de Lyon.

Les Anglais, négociants et guerriers, avaient adopté une marche qui, suivie avec persévérance, a fini par leur donner l'empire de l'Inde; ils avaient su établir entre eux et les Indous ou les Mogols leurs maîtres des relations nombreuses, qui les plaçaient tous sous le lien d'un avantage commun. Aussi leur avenir dans l'Inde semblait-il indépendant d'une guerre, même malheureuse, avec quelque autre peuple européen. Ils pouvaient perdre une forteresse, une ville, être expulsés même d'une province, sans aucun danger réel, parce que tôt ou tard l'affection des peuples aurait rappelé les vaincus et forcé les vainqueurs à renoncer à une inutile conquête. Toutefois ils employèrent en quelques occasions des agents inhabiles ou imprudents, qui risquèrent de ruiner leurs affaires en brisant violemment les ressorts qui les faisaient mouvoir. Ce fut là ce qui manqua d'arriver (1682), par la folle témérité de son gouverneur, à l'établissement de Bombay. Ce gouverneur, sous prétexte d'une injure reçue de la part du commandant mogol de Surate, saisit une flotte chargée de blé pour l'armée impériale, alors campée à quatorze lieues de Bombay, et il attira sur la ville l'armée mogole, qui en commença le siége avec plus de vigueur que de talent. Les Anglais envoyèrent en toute hâte un ambassadeur à Aureng-Zeb. L'empereur fit à cet ambassadeur une verte réprimande; il envoya pourtant l'ordre de lever le siége, mais il exigea le renvoi du gouverneur et le payement des dommages causés, lesquels s'élevèrent à neuf ou dix millions que la compagnie solda. Sur la côte de l'est, l'établissement nouveau de Madras prospérait, moyennant le payement annuel d'une somme au roi de Visiapour ou Golconde, auquel le territoire appartenait à cette époque (1691); les négociants y jouissaient de beaucoup de franchises, ce qui les y attirait en grand nombre; néanmoins le défaut de port était alors, et a toujours été depuis, un grand obstacle à ce que cette ville acquît toute l'importance qu'elle pourrait avoir.

Vers le même temps, et par les soins de M. Job Charnock, agent de la compagnie du Bengale, furent jetés dans cette province les fondements d'une ville destinée à devenir dans le cours d'un siècle la capitale d'un nouvel empire, transplanté du fond de l'Europe dans la plus riche contrée de l'Asie ; il s'agit du fort William autour duquel s'éleva insensiblement la fameuse cité de Calcutta, sur le bord occidental de l'Hougly, à quelques lieues au-dessous de la ville de même nom. Les Hollandais, les Danois, les Français avaient tous des comptoirs sur ce fleuve, mais il fallut peu de temps à l'établissement anglais de Calcutta pour surpasser en puissance et en richesse tous les établissements rivaux. Cependant les divisions qui éclatèrent à Londres, entre les membres de la direction, manquèrent de devenir fatales au commerce de l'Inde, qui avait encore besoin d'être efficacement protégé. La compagnie se divisa pour lors en deux factions distinctes, ennemies l'une de l'autre. Le parlement, cédant à l'impulsion de l'opinion publique, intervint dans la querelle, et en 1702 les deux factions, qui s'étaient intitulées *ancienne* et *nouvelle compagnie*, furent réunies sous le titre de *compagnie unie des marchands d'Angleterre pour le commerce des Indes orientales*. Cette compagnie obtint des immunités très-étendues, des priviléges précieux, et l'acte de sa restauration reçut la sanction du parlement. De nouveaux succès couronnèrent les efforts des Anglais dans l'Inde ; les marchands y gagnèrent des richesses, les militaires y cueillirent des lauriers. Les Hollandais, expulsés du continent, se réfugièrent dans les îles ; les Portugais ne conservèrent que Goa, Diu et de petits districts sur la côte ; les

Français seuls avaient encore assez de puissance pour rendre les Anglais inquiets et jaloux. Suivant le brahmine Mrityoum-Jaya, ce fut à Aureng-Zeb que les Anglais durent l'établissement de Calcutta. Quand il faisait la guerre aux Mahrattes, dit cet historien, il s'engagea imprudemment dans les rangs ennemis, et il aurait été probablement pris ou tué sans le secours que lui apportèrent quelques Anglais qui servaient dans son armée; en reconnaissance, il leur donna des terres à Kali-Katta. Ce sont les premières, ajoute-t-il, que les Anglais aient possédées dans l'Indoustan.

CHAPITRE XI.

Des troubles qui suivirent la mort d'Aureng-Zeb. — Du règne de Mohammed-Schah. — Invasion de Nadic-Schah, roi de Perse. — Guerres dans l'intérieur. — Établissements européens. — Apparition des Abdallis.

Aureng-Zeb en mourant laissait trois fils : Mauzim, surnommé Schah-Alloum, Azem et Kambousch. Akber, qui n'avait pas quitté la Perse, quelques promesses d'oubli et de pardon que son père lui eût faites, l'avait précédé dans la tombe. Schah-Alloum et Azem aspirèrent ouvertement au trône ; Kambousch n'était pas moins ambitieux que ses frères, mais sa jeunesse ne permettait pas qu'il eût encore un parti. Schah-Alloum fit proposer à son frère Azem divers arrangements, et notamment de procéder à un partage, comme

Aureng-Zeb le leur conseillait par son testament. Azem ne voulut rien entendre; on en vint aux mains sur la rive du Chamboul. Azem, sur le point d'être fait prisonnier, se perça de son épée. Mauzim fut aussitôt proclamé empereur sous le titre de Bahadour-Schah (roi victorieux). Une nouvelle fâcheuse vint troubler la satisfaction qu'il retirait de sa victoire. Son jeune frère, qui d'abord s'était contenté de conserver le gouvernement du Visiapour, excité par d'ambitieux fakirs, qui comptaient régner sous son nom, avait pris les armes et s'était fait proclamer par ses troupes. Bahadour-Schah, sans perdre un instant, partit pour le Dékhan. L'empereur, qui avait appris de son père l'art de dissimuler, employa d'abord les négociations; il fit même à Kambousch les offres les plus amicales et les plus larges. Kambousch, de même qu'Azem, rejeta toutes les propositions; il eut le même sort. Bahadour, l'ayant fait prisonnier, ordonna qu'on le traitât avec les plus grands égards, et qu'on prît soin de ses blessures; lui-même lui porta des paroles de paix et de consolation, le prince se montra insensible à tout, et il ne fut pas possible de lui arracher un seul mot. Au bout de cinq ou six jours, il expira.

L'empereur n'avait plus de rivaux, mais il lui restait encore des ennemis; c'étaient les Radjepouts. De leurs montagnes, situées au centre de l'empire, ils menaçaient sans cesse les contrées environnantes. L'empereur était dans l'intention de porter la guerre chez eux, mais les Sickhs marchaient vers Lahore (1709, de l'hégire 1120). Il partit sans délai pour cette ville, et bientôt les Sickhs, obligés de battre en retraite, forcés ensuite dans leurs retranchements, cherchèrent leur salut dans la fuite. L'empereur ne put jouir de son triomphe. Un mal violent et subit l'emporta dans la cinquième année de son règne; on croit qu'il fut empoisonné. Ses sujets pleurèrent sa mort prématurée. Les talents qu'il avait déployés, ses connaissances, la douceur de son administration promettaient un règne heureux et glorieux. Il laissait quatre fils, tous remplis de la soif de régner, passion héréditaire des descendants de Timur. Le chef des omrahs, Zulfécar, qui jouissait d'un grand crédit, voulait placer sur le trône Jéhaoundar, l'aîné des quatre frères, d'un naturel faible, aimant le plaisir, et très-peu capable de diriger les affaires. Il réussit au gré de ses vœux; les trois frères de Jéhaoundar périrent dans trois batailles qui leur furent livrées. Zulfécar devint premier vizir du nouvel empereur. Mais tandis que celui-ci se livrait sans retenue à la plus honteuse débauche, ce qui lui faisait perdre l'estime et l'affection de ses sujets, Zulfécar, qui en secret aspirait à l'empire, se rendait odieux à la nation par la manière dont il exerçait l'autorité. Nourri dans les camps, formé à la cruauté par la guerre d'extermination qu'il avait faite aux Mahrattes du Malabar et aux Radjepouts de l'Adjemyr, il avait apporté au ministère les habitudes et la rudesse d'un soldat qui veut tout gouverner par l'épée. Une conspiration dangereuse ne tarda pas à se former contre l'empereur et son ministre. Elle avait pour chefs deux frères de la tribu de Seïd, Abdallah et Houssein. Azem avait laissé un fils nommé Fourrouksir, que ses qualités faisaient chérir et respecter. Les Seïds jetèrent les yeux sur lui pour le placer sur un trône dont Jéhaoundar se montrait si indigne (1713, de l'hégire 1124). On arma des deux côtés. Zulfécar confia le commandement des troupes au fils aîné de l'empereur, encore adolescent, prince faible et sans courage, qu'il plaça sous la tutelle de Dowran-Khan, officier dépourvu de talent et d'expérience. Le prince impérial et son pusillanime tuteur s'enfuirent sans combattre; les soldats passèrent dans les rangs de Fourrouksir ou se débandèrent. L'empereur et son vizir, craignant avec raison les suites de ce désastre, marchèrent à la rencontre des ennemis. Zulfécar déploya toutes les ressources de son génie et de son courage, mais il fut entraîné par la masse des fuyards. L'empereur avait donné l'exemple. Vainqueur presque sans combattre, Fourrouksir arriva sous les murs de Délhy. Les habitants ouvrirent leurs portes. Jéhaoundar, jeté dans une prison, y fut étranglé; Zulfécar partagea son sort. Les deux cadavres, attachés sur un éléphant, la tête pendante, furent promenés ignominieusement par les rues de la capitale, et Fourrouksir fut proclamé empereur (1714, de l'hégire 1125).

Ce prince ne tarda pas à s'apercevoir que les frères seïds prétendaient le placer sous leur dépendance; voulant se soustraire à leur autorité, il essaya d'abord de les affaiblir en les séparant: les Radjepouts recommençaient leurs courses; l'empereur donna le commandement des troupes destinées contre eux à Houssein-Khan. Les Seïds devinèrent les intentions de Fourrouksir; toutefois, comme le danger existait, Houssein consentit à partir; mais il se conduisit avec tant de talent, de vigueur et d'activité, qu'il ne tarda pas à rentrer vainqueur à Délhy. L'empereur l'avait nommé depuis quelque temps à la soubahbie du Dékan, qu'il avait ôtée à Nizam-al-Moulouk, ancien général d'Aureng-Zeb. Nizam respirait la vengeance; il excita Daoud-Khan, qui régissait par intérim la soubahbie, à prendre à sa solde un corps de Mahrattes, et à repousser Houssein quand il voudrait entrer en possession. On prétend que Nizam avait agi par ordre exprès de l'empereur: l'événement trompa les espérances de Fourrouksir. Daoud-Kan fut battu, et les Mahrattes passèrent dans les rangs d'Houssein.

A la même époque (1717) surgissait au cœur de

l'Indoustan un peuple nouveau, dont les tribus belliqueuses s'étaient déjà montrées sous le règne d'Aureng-Zeb, c'étaient les Jats ou Jauts, qui s'établissaient sur les bords de la Djumna et s'étendaient jusqu'aux environs d'Agra. Le vizir Abdallah acheta leur retraite aux dépens du trésor impérial. Cependant Houssein, qui croyait avoir à se plaindre de l'empereur, exhalait son courroux en menaces de vengeance et de mort. Fourrouksir, saisi de crainte, alla s'enfermer dans son harem; on l'en arracha; le lendemain un fer brûlant lui fut passé sur les yeux; et comme il voulut s'échapper de sa prison, il y fut égorgé (16 février 1719, de l'hégire 1130) Une affreuse anarchie succéda au meurtre de Fourrouksir; les seïds et leurs adhérents se partagèrent toutes les dépouilles de la victime. Au bout de quelques jours, les murmures du peuple se firent entendre; ils avaient donc encore besoin d'un fantôme d'empereur, pour le montrer aux mécontents. Trois petits-fils de Bahadour parurent successivement sur le trône; les deux premiers, Rafeih-al-Dirjat et Rafeih-al-Dowlat, ne l'occupèrent que pendant sept mois; ils moururent l'un et l'autre de maladie encore fort jeunes. Le troisième, Bouschoum-Akber, cousin des deux premiers, mais plus âgé qu'eux, reçut le nom de Mohammed-Schah, et fut solennellement proclamé. Mohammed s'aperçut, comme Fourrouksir, qu'on lui destinait une ignoble tutelle, et, comme

Fourrouksir, il résolut de s'en affranchir; mais, plus patient et plus politique, il sut dissimuler et attendre une occasion favorable. Cette occasion ne tarda pas à s'offrir.

Nizam s'était érigé presqu'en souverain dans le Malwa; il avait à sa solde un corps nombreux de Mahrattes, et tous ceux qui, craignant la tyrannie des Seïds, étaient allés lui demander un asile. L'empereur déclara Nizam traître et rebelle, mais il lui manda en secret, dit-on, de persévérer dans sa révolte. Les Seïds résolurent de le faire servir d'exemple aux soubahs qui seraient tentés de l'imiter. Il fut décidé qu'Abdallah resterait à Délhy en sa qualité de vizir, et que Houssein partirait avec l'empereur et l'armée. C'était là ce qu'attendaient Mohammed et ses amis; le soir du jour où l'armée sortit d'Agra, Houssein tomba mort d'un coup de poignard (1720, de l'hégire 1132). Cet événement causa d'abord quelque désordre; mais l'empereur se montra aux mutins; on distribua de l'or aux soldats, et, le calme s'étant rétabli, l'armée reprit le chemin d'Agra. A la nouvelle de la mort de son frère, Abdallah fut saisi de terreur, mais il ne perdit point courage; il réunit quatre-vingt mille hommes, tira de Sélimgour un dernier petit-fils de Bahadour, nommé Ibrahim, le fit proclamer dans la capitale, et se mit aussitôt en campagne. La fortune trahit son attente; couvert de blessures et abandonné par ses troupes, il tomba au pouvoir de Mohammed, qui se contenta de le priver de la liberté en lui donnant pour prison un palais, et en lui assignant des revenus suffisants. Ibrahim rentra dans Sélimgour, où il ne fut pas plus mal traité qu'auparavant, et l'empereur fut reçu dans Délhy aux acclamations générales du peuple. Abdallah mourut de ses blessures au bout de quelques mois.

Délhy célébra par de brillantes fêtes l'événement qui délivrait l'empire de la tyrannie des Seïds; mais les espérances que la nation avait conçues ne tardèrent pas à s'évanouir; Mohammed s'endormit au sein des plaisirs et de la mollesse, et, perdant tout à coup l'énergie factice qu'il avait montrée, il se déchargea sur son favori Dowran-Kan du soin des affaires publiques. Quant au vizir, ce n'était qu'un jeune homme plus capable de servir, en les partageant, les goûts voluptueux de l'empereur, que de diriger une grande administration. Dowran ne lui laissa, du reste, que le nom de vizir; il en exerça de fait toutes les fonctions. Cependant les Mahrattes, les Radjepouts, les Jats, tous ennemis déclarés des Mogols, se montraient sous un aspect menaçant; et, d'autre part, les gouverneurs des provinces cherchaient à se rendre indépendants. Dowran voyait le mal, mais il n'osait se mettre à la tête de l'armée, soit parce qu'il n'avait ni le talent ni le courage nécessaires, soit parce qu'il craignait d'être supplanté pendant son absence. Dans le même temps, Nizam, qui voulait consolider son pouvoir (1721, de l'hégire 1133), levait des troupes dans sa soubahbie, soumettait quelques radjahs voisins, traitait secrètement avec les Mahrattes, et cessait d'envoyer les impôts à Délhy. L'empereur, qu'aucune idée généreuse ne pouvait arracher à sa vie de plaisirs, accorda aux Mahrattes tout ce qu'ils voulurent pour acheter leur alliance ; mais Nizam s'assura de leur chef Suhoji par un traité suivant lequel celui-ci s'engageait à marcher sur Agra, au premier avis qui lui serait donné ; Nizam, de son côté, promettait de le soutenir avec toutes ses forces.

De nouveaux orages s'accumulaient encore autour du trône impérial. Nizam n'avait pas tardé à sommer les Mahrattes de remplir les conditions du dernier traité ; il s'agissait d'envahir le Malwa et le Guzzerat, et même, s'il le fallait, de menacer Agra. Les Mahrattes prirent aussitôt les armes, et, sous la conduite de leur général Bajirow, qui devint plus tard leur souverain, ils commencèrent cette guerre mémorable qui devait les élever au rang des nations et porter à l'empire une atteinte funeste (1730, de l'hégire 1142).

L'inhabile vizir de Mohammed voulut gagner par des concessions ceux qu'il n'avait pas même tenté de vaincre par les armes ; il envoya au général mahratte un firman qui le nommait soubah de la contrée qu'il avait conquise, ce qui n'empêcha pas les Mahrattes de s'avancer vers Agra, de piller et dévaster tous ses environs. L'armée impériale se mit alors en mouvement; les Mahrattes se retirèrent chargés de butin, et l'armée s'en retourna sans avoir rien fait. Les Mahrattes reparurent trois ou quatre ans plus tard. Cette fois ils s'avancèrent vers Agra, en passant par Goualior, et ils ne reprirent le chemin de Malwa qu'après avoir ravagé toute la contrée. Ils revinrent l'année suivante; mais, s'étant enfoncés dans la province d'Oude, ils furent surpris par Sadit-Khan, soubah de la province, officier plein de valeur, de talent et d'expérience. Après les avoir complétement battus, Sadit voulait se mettre à leur poursuite, dans l'intention de leur fermer pour toujours l'Indoustan; mais le favori Dowran, qui voulait avoir sa part de gloire, lui envoya l'ordre d'attendre l'armée impériale. Sadit fut contraint d'obéir, mais il prévit que les Mahrattes profiteraient de cette faute. Bajirow, en effet, prenant ses meilleurs chevaux, se porta rapidement sur Délhy, qui était resté sans troupes, et passa trois jours entiers dans les faubourgs, qu'il livra au pillage et à l'incendie. L'empereur et les habitants étaient près d'ouvrir les portes de la ville, lorsque Sadit-Kan arriva, battit de nouveau les Mahrattes, et les poursuivit pendant trois ou quatre heures. Parvenus à un lieu qui leur offrait des positions avantageuses, les Mahrattes s'arrêtèrent, décidés à combattre. Le vizir et les favoris, trop prudents pour exposer leurs personnes, aimèrent mieux traiter avec Bajirow que de lui rien disputer par la voie des armes. Sadit-Khan, indigné de tant de lâcheté, repartit sur-le-champ pour sa soubahbie; dans ses amers ressentiments, il se ligua étroitement avec Nizam, et ils formèrent ensemble le projet désastreux d'appeler dans l'Inde le farouche conquérant de la Perse, le fameux Nadir-Shah. A la même époque (1737, de l'hégire 1149), Allaverdi, qui s'était rendu à peu près souverain dans le Patna et le Bahar, sollicita de l'empereur le gouvernement de ces deux provinces, affranchi de la juridiction de Soujah, soubah du Bengale. Il obtint sa demande, ce qui excita dans le cœur de Soujah un désir de vengeance que la terrible invasion de Nadir empêcha d'éclater.

Placé par l'usurpation sur le trône de la Perse, Nadir-Shah songeait peu à porter la guerre dans l'Indoustan, bien qu'il prétendît avoir quelque sujet de plainte contre la cour de Délhy; les propositions qui lui furent faites par Nizam et Sadit excitèrent son attention. Il sentait bien qu'il aurait des difficultés à vaincre, mais il considérait la gloire et surtout l'immense profit qu'il tirerait de cette entreprise. Cette dernière considération l'emporta. Il choisit dans ses armées quatre-vingt mille cavaliers, et, à la tête de cette troupe, plus formidable par la bravoure que par leur nombre, il se dirigea dès les premiers jours du printemps vers les frontières du Caboul, où il ne trouva que peu de résistance. La citadelle de Caboul soutint un siége de six semaines; Nadir l'emporta d'assaut. De là il fit partir des ambassadeurs pour Délhy; ils devaient demander le redressement de ses griefs, prétendus ou réels, et offrir la paix à ce prix; mais ses envoyés furent assassinés avant d'arriver aux frontières du Penjab. Nadir, plein de courroux, donna sur-le-champ l'ordre du départ.

Alors Mohammed, sortant de son apathie par un effort nécessaire, réunit toutes les troupes des environs de la capitale et alla camper dans les plaines de Karnal, à vingt-cinq ou trente lieues au nord de Délhy. Il n'avait guère que trente mille hommes effectifs; sa principale force consistait en deux mille éléphants de guerre; mais des ordres expédiés de toutes parts amenèrent des renforts considérables, de sorte qu'en peu de jours une armée infiniment plus nombreuse que celle de Nadir se trouva réunie autour du pavillon impérial. Nadir s'était mis en marche dès les premiers jours de janvier (1739, de l'hégire 1151). Quelques prisonniers, qu'il interrogea, l'instruisirent parfaitement de la position et de la force des Mogols.

Ce fut Sadit-Kan qui entama l'action; les Persans eurent l'air de reculer devant lui. Dowran s'avança pour rendre le succès plus complet; mais quand Sadit le vit engagé, il se fit prendre avec le corps qu'il commandait. Dowran fut blessé mortellement, et sa division, très-maltraitée, se replia sur le centre, où elle apporta le désordre. L'empereur était dans une grande perplexité : Mouzzoufer, qui prit le commandement à la place du favori, fut tué en cherchant à rallier les troupes; Nizam restait encore avec ses cavaliers, mais l'empereur s'en méfiait. Enfin, après cinq heures de confusion, de trouble, de massacre, la déroute des Mogols fut complète. Trente mille morts, quarante ou quarante-cinq mille prisonniers, les éléphants, les tentes, les bagages, l'artillerie, tels furent les résultats de cette funeste bataille de Karnal.

L'empereur, au désespoir, conjura Nizam de le sauver et de sauver l'empire. Nizam traita aussitôt avec Nadir, qui promit d'évacuer sans délai l'Indoustan, moyennant le payement d'une somme peu considérable. Sadit, jaloux de la confiance que l'empereur plaçait en Nizam, empêcha Nadir d'exécuter la convention; l'empereur prit alors le parti de se confier en personne à son ennemi. Il se rendit au camp de Nadir pour lui faire hommage de sa couronne. Nizam, son vizir et quelques omrahs l'accompagnaient. Nadir le reçut assez bien; mais le lendemain il lui reprocha vivement le meurtre de ses ambassadeurs, et surtout la honte dont il se couvrait en payant le chant aux infidèles. Nadir voulait d'abord retenir l'empereur prisonnier, mais il ne tarda pas à le renvoyer à son camp. Deux ou trois jours après, les deux armées partirent pour Délhy. La rançon de l'empereur et de la ville fut fixée à six cent millions. Outre cette somme et les présents qui devaient l'accompagner, Nadir exigea d'énormes contributions des généraux, des omrahs et des principaux habitants. Sadit et Nizam ne furent pas ménagés (1). Les agents chargés de la perception eurent souvent recours aux vexations les plus dures. On alla jusqu'à torturer horriblement les habitants qu'on soupçonnait d'avoir caché leur argent, ou qui réellement n'en avaient pas. Pour surcroît de mal, la famine se mit dans la ville, et avec ce fléau naquirent la rage et le désespoir. Des attroupements se formèrent; on employa la force pour les dissiper, et ce moyen, loin de réussir, produisit la résistance. Au milieu du désordre, quelqu'un s'avisa de dire que Nadir était mort; il n'en fallut pas davantage pour que le peuple courût aux armes. Les Persans qu'on rencontra dans les rues furent massacrés; on attaqua même la garde du château, et beaucoup de Persans périrent encore. Nadir envoya l'ordre à son général de venir le joindre avec trente mille cava-

(1) Sadit fut si sensible à l'ingratitude de Nadir, qu'il mourut le lendemain. On croit qu'il s'était empoisonné pour se délivrer des remords qui le tourmentaient.

liers. Dès le point du jour, Nadir se mit à la tête de cette troupe. Un coup de fusil, parti d'une terrasse, tua un de ses officiers à côté de lui. « Allez, s'écria-t-il en frémissant de courroux, répandez-vous dans la ville, et vengez vos frères d'armes. » Avant la fin du jour, cent mille individus avaient été égorgés, sans distinction d'âge, de rang, ni de sexe. Durant cet épouvantable massacre, Nadir s'était tenu dans la grande mosquée. Le misérable Mohammed vint se prosterner devant lui, et, le visage mouillé de pleurs, il le conjura d'user de miséricorde. Nadir résista longtemps; à la fin il se laissa fléchir, et, remettant son épée dans son fourreau : « Je pardonne, dit-il, pour l'amour de Mohammed. »

Après le payement des contributions (1), Nadir songea au départ; il en fixa même le jour; ce fut le 7 mai; son séjour à Délhy s'était prolongé d'un mois. On dit qu'avant de partir il fit la vaine cérémonie de replacer Mohammed sur son trône, et qu'il lui donna de très-sages avis sur sa conduite future. On ajoute qu'après avoir traversé le Nilab, il dit à ses officiers qu'il se repentait de deux choses : l'une, d'avoir rendu l'empire au faible Mohammed; l'autre, d'avoir fait quartier à Nizam,

(1) Plusieurs écrivains ont donné le détail de ces richesses. Ils portent à huit cent millions la seule valeur des pierreries, et à une somme égale, le montant des contributions; ce sont là les calculs les plus modérés.

qui ne manquerait pas d'exciter de nouveaux troubles, non qu'il prît aucun intérêt à ce prince, mais parce qu'il regardait l'empire mogol comme pouvant devenir un jour l'apanage de sa famille, par suite du mariage que, pendant son séjour à Délhy, son fils Nassen-Alla avait contracté avec une petite-fille de l'empereur Aureng-Zeb.

Revenus de la stupeur où les avait jetés l'invasion persane, Mohammed et ses courtisans s'aperçurent qu'ils n'avaient fait que changer de tyran; Nizam s'était emparé de toute l'autorité; le vizir favorisait ses prétentions (1), ce qui lui permettait de disposer arbitrairement de tous les emplois et de tous les honneurs. Son fils Ghazi-oul-Dien devint commandant général des armées; ses créatures, ses amis obtinrent des gouvernements. Cependant Nizam, plus que nonagénaire (1740, de l'hégire 1152), voulait jouir enfin du fruit de ses travaux de tant d'années; il partit pour le Dékan, où quelques troubles avaient éclaté. Sa présence fit tout rentrer dans l'ordre, et acheva d'assurer sa domination sur cette contrée et son indépendance absolue. De leur côté, les Mahrattes, comptant sur son appui secret, avaient envahi le Carnalic, où ils firent beaucoup de butin; ils vendirent la paix et leur retraite au nabab, qui s'était retranché dans le château de Vellore.

(1) Le fils de Nizam était gendre du vizir, et celui du vizir l'était de Nizam.

Après avoir donné au Dékhan des institutions sagement combinées avec les besoins du pays, Nizam se rendit à Golconde (1743), où il se présenta aussi comme souverain. La cour de Délhy semblait ne prendre aucune part à ces événements qui lui coûtaient des provinces, mais qui, se passant à de grandes distances, n'annonçaient pas des dangers imminents. Mohammed-Schah ne sortit de son assoupissement que lorsque le bruit des armes vint retentir aux portes de la capitale. Il existait entre Délhy et Lahore, mais bien au delà de la rive orientale du Gange, dans le canton qu'on appelle aujourd'hui Rohilcund, quelques tribus afghanes à qui on avait permis de s'établir en ce lieu moyennant une redevance en argent. Ali-Mohammed, chef de ces tribus (1744), refusa le payement de la redevance et prit les armes pour soutenir son refus. Il finit par fonder en ce lieu l'état indépendant des Rohillas, qui par la suite furent la terreur des Mogols.

L'ambition est une passion qui s'accroît par les jouissances. Semblable à l'avare, qui, plus il possède, plus il convoite, l'ambitieux demande toujours à la fortune de nouvelles faveurs. On a vu Allaverdi obtenir le gouvernement du Patna et du Bahar, qui formaient auparavant une dépendance du Bengale. Après la mort de Soujah, il aspira ouvertement à la soubahbie, et il réussit à s'en rendre maître. Le fils de Soujah, Souffrazer-

Khan, périt en se défendant. L'empereur, joignant au manque de vigueur l'imprévoyance et le défaut de politique, n'avait point cherché à contenir Alla-verdi; il le laissa consommer son usurpation et se contenta de susciter contre lui les Mahrattes. Ceux-ci accoururent en grand nombre, et commirent d'affreux ravages dans le Bengale (1744); Alla-verdi eut besoin, pour leur résister, de toute son activité et de tous ses talents militaires; mais à la fin, ayant réussi à détacher de la confédération les Mahrattes d'occident, il força les Mahrattes d'orient à une action générale, où ils furent totalement défaits.

Les Mahrattes, dans leur soif de pillage, n'épargnaient pas plus les Indous que les musulmans; mais ils avaient toujours respecté les établissements européens. Aussi les naturels y accouraient-ils de toutes parts, durant l'invasion, pour demander un asile. Les Indous réfugiés à Calcutta entreprirent d'entourer la ville d'un large fossé; ils y travaillèrent pendant six mois; la cessation du danger fit discontinuer les travaux. C'est ce qu'on appelle *le Fossé-Mahratte*. Les Anglais furent moins heureux à Madras que dans le Bengale. La guerre venait d'éclater en Europe entre la France et l'Angleterre, et l'Inde s'en ressentit (1745). La ville de Pondichéry s'était considérablement augmentée depuis quarante ans. Sur la fin du règne de Louis XIV, son existence avait été fortement compromise; la compagnie, sans fonds, sans zèle, et sans encouragements était près de se dissoudre; mais, sous la régence, de fructueux efforts eurent lieu pour la soutenir. Elle se réunit en 1719 à la compagnie des Indes occidentales, et cette société nouvelle jouit dès sa naissance d'un crédit si solide et si étendu, qu'en très-peu de temps elle eut acquis un fond de cinquante millions. Pondichéry s'agrandit, s'embellit et se fortifia; de nouveaux établissements se formèrent sur les deux côtes de la péninsule. Après que la guerre eut été déclarée, les Anglais vinrent menacer Pondichéry; mais une escadre française parut dans la rade, et les Anglais, plus faibles, se réfugièrent à Trincomali, dans l'île de Ceylan. Les Français, maîtres de la mer, allèrent mettre le siége devant Madras (1746). Les Français, commandés par Labourdonnais, avaient débarqué le 3 septembre; le 10 le fort capitula, et la ville offrit pour sa rançon une somme de six cent quarante mille livres sterling. Le gouverneur de Pondichéry, Dupleix, plein d'une basse jalousie, refusa de ratifier le traité; il voulut retenir Madras et y plaça une garnison. Labourdonnais, justement irrité contre le gouverneur, fit aussitôt voile pour l'île Maurice. Le nabab de la contrée envoya dix mille hommes investir Madras. Les Français les forcèrent à une prompte retraite, et, la victoire les rendant exigeants, ils agirent avec un despotisme qui fournit plus tard aux Anglais des prétextes plausibles pour les représailles qu'ils exercèrent sur Pondichéry.

Cependant l'empire mogol penchait de plus en plus vers la ruine. Nadir-Schah venait d'être assassiné. Ahmed-Abdallah, Afghan d'origine, qui s'était élevé par son mérite aux premiers rangs de l'armée, avait réuni, sans perdre un moment, tous les Afghans qui servaient dans l'armée persane; et laissant les Persans et les Tartares répandre leur sang à grands flots, ceux-ci pour venger la mort de leur souverain, ceux-là pour défendre leur vie, il s'était saisi de tous les trésors de son maître (1); on dit qu'il en chargea trois cents chameaux; avec cette riche proie il s'enfonça dans les montagnes de l'Afghanistan, où trois mois après il se trouvait à la tête d'une armée nombreuse toute composée d'anciens soldats. Ahmed-Abdallah ne la laissa point oisive, et dans le courant de l'année suivante (1748) il conquit le Kandahar et toutes les provinces de la rive droite du Sindh; ensuite il passa le fleuve et prit la route de Lahore, qui, après un siége opiniâtre, finit par capituler; de Lahore il marcha sur Délhy. A la nouvelle de l'approche des Afghans, qu'on désigna par le nom d'Abdallis, quatre-vingt mille cavaliers sortirent de la capitale sous les ordres du

(1) Il était trésorier général de l'armée.

jeune prince Ahmed, héritier présomptif de la couronne, assisté du vizir et de quelques autres officiers. Les deux armées se rencontrèrent aux environs de Sirhind. Un boulet perdu traversa la tente du vizir, qui dans ce moment faisait sa prière du soir. Le vizir tomba mort. Le prince, les omrahs, le fils même du vizir, Mir-Mounnou, jugèrent nécessaire de cacher aux soldats ce triste événement et d'attaquer les Abdallis avant qu'il eût transpiré. La bataille dura plusieurs heures; la victoire, à la fin, se déclara pour les Mogols, grâce à leurs éléphants. Les Abdallis repassèrent le Nilab, après avoir perdu leur artillerie et leurs équipages; Mir-Mounnou fut laissé dans le Penjab avec un corps de troupes suffisant pour repousser une seconde invasion; le prince Ahmed reprit le chemin de la capitale. A quarante lieues de Délhy, il reçut la nouvelle de la mort de son père.

CHAPITRE XII.

Du règne d'Ahmed, successeur de Mohammed-Schah, et de ses deux successeurs, Alloumghire et Schah-Alloum. — Chute de l'empire mogol. — État de l'Inde à la fin du dix-huitième siècle.

Ahmed se hâta d'arriver à Délhy pour faire reconnaître ses droits; il fut proclamé sans opposition et avec beaucoup plus de solennité, que ne semblaient le permettre les circonstances fâcheuses où l'on se trouvait. Il venait, il est vrai, de donner des preuves de courage et d'activité qui autorisaient l'espérance d'un heureux avenir; mais l'illusion ne fut pas longue : Ahmed sembla n'être monté sur le trône, que pour se livrer à la mollesse et à l'oisiveté. Il tenta d'abord d'élever au viziriat le vieux Nizam-al-Moulouk, soubah ou plutôt souverain du Dékhan. Nizam, qui entrait dans la cent quatrième année de son âge, se défendit d'accepter. Il allégua qu'il sentait que sa fin n'était pas éloignée; la mort vint en effet le surprendre quelques mois après, au milieu d'un peuple qui le craignait et le vénérait, qui surtout ne voyait pas sans surprise que les grands talents qu'il avait montrés dans sa jeunesse, au lieu de s'affaiblir par l'effet des années, semblaient au contraire acquérir avec elles plus de vigueur et d'étendue. Le fils aîné de Nizam, Ghazi-oul-Dien, conserva les fonctions de boukschi de l'empire; Nasir-Jing, frère puîné de Ghazi, s'était emparé de la succession paternelle; Ghazi ne voulut point la lui disputer à main armée, mais, apprenant qu'il avait été tué, il prit à sa solde un corps nombreux de Mahrattes, recruta sur la route un nombre infini de Jauts, de Rohillas, d'Afghans et de Radjepouts, et s'achemina vers le Dékhan. Un neveu de Nasir-Jing, nommé Mourzafa, s'était emparé de l'héritage de Nizam; il était soutenu par le gouverneur de Pondichéry, Dupleix; mais bientôt après, une révolte, qui eut lieu dans son armée, lui coûta la vie. Un troisième fils de Nizam, Salabat-Jing, venait d'être élu par les omrahs. Lorsqu'on apprit l'arrivée de Ghazi-oul-Dien à Aurengabad, Salabat le fit empoisonner. Ce crime lui assura la possession du trône.

Tandis que cela se passait dans le Dékhan; que Mohammed-Ali s'emparait du Carnatic par le secours des Anglais, et que le gouverneur Dupleix se faisait nommer nabab de la même contrée, et obtenait pour la Compagnie la propriété des quatre *Ciraïrs* du nord, entre Madras et l'Orissa; tandis que, se parant de son titre, il se montrait en public sous le costume oriental (1), les Sickhs, qui, durant vingt ans de repos, s'étaient associé tous ceux que les troubles de l'empire mogol laissaient sans moyens d'existence, reparurent dans le Penjab. Adin-Beg, envoyé contre eux pour les combattre, aima mieux négocier et traiter. Comme les Abdallis insultaient de nouveau les frontières de Lahore, les Mogols firent avec les Sickhs un traité d'alliance offensive et défensive; mais les Sickhs, peu fidèles à la convention, vinrent en ennemis jusqu'à Lahore, qu'ils menacèrent. Adin-Beg appela pour lors à son aide les Mahrattes, et ceux-ci, au lieu de le servir, s'emparèrent de Sirhind pour leur compte. Malgré les efforts d'Adin-Beg, le Penjab fut perdu sans retour pour l'empire. Les Abdallis finirent par se mettre en possession de Lahore, les Mahrattes et les Sickhs gardèrent leurs conquêtes. Pour comble de mal, Sefdan Jouny, gouverneur de la province d'Oude, irrité de voir passer en d'autres mains le viziriat dont il était en possession depuis l'avénement

(1) Le cabinet de Londres fit tant de remontrances à celui de Versailles, que le nabab Dupleix fut rappelé en France.

d'Ahmed, prit à sa solde une armée de Jauts, et alla mettre le siége devant Délhy. Cette ville fut défendue avec non moins de courage et de talent que de succès, par le jeune Ghazi, fils de Ghazi-oul-Dien, lequel, à peine âgé de seize ans, laissait voir de si heureuses dispositions, un esprit si pénétrant et si fécond en ressources, un jugement si solide, que l'empereur lui avait donné la charge de boukschi, que son père avait occupée.

Le crédit de Ghazi s'était considérablement augmenté par la défaite des Jauts, sous les murs de Délhy. Il engagea l'empereur à prendre à sa solde une armée mahratte, s'offrant de la conduire chez les Jauts, et de les chasser du pays qu'ils occupaient. Cet avis parut sage, l'empereur le suivit, et Ghazi remporta d'abord sur les Jauts de grands avantages, qui les obligèrent de se renfermer dans leurs forteresses. Ghazi écrivit tout de suite à Délhy pour qu'on lui envoyât de la grosse artillerie; et non-seulement sa demande fut rejetée, mais encore il lui fut rapporté qu'on faisait à Délhy de grands armements, comme si l'ennemi était à ses portes. Cette nouvelle inspira au jeune Ghazi des soupçons qui ne tardèrent pas à être pleinement justifiés. Une lettre interceptée, adressée par l'empereur à Souraj-Moult, chef des Jauts, apprit à Ghazi que c'était contre lui-même que se faisaient les préparatifs de guerre. Ghazi ne douta pas que le coup ne partît de la main du vizir, jeune homme plein d'ambition et de jalousie, et il jura qu'il s'en vengerait ou qu'il y perderait la vie. L'empereur, prévenu que Ghazi s'avançait en ennemi, lui envoya un message pour l'engager à rentrer dans le devoir. Ghazi, pour toute explication, lui fit remettre la lettre interceptée, continua sa marche, et apprenant que l'armée impériale avait repris le chemin de Délhy, il la poursuivit avec tant d'ardeur qu'arrivant en même temps qu'elle, il s'empara de la porte par laquelle Ahmed venait d'entrer, avant qu'on eût eu le temps de la fermer. L'empereur et son vizir s'étaient réfugiés dans la citadelle, mais la citadelle fut emportée d'assaut sous les yeux d'une multitude immense qui assistait froidement à ce spectacle. Le vizir et son maître furent jetés dans une prison. Ghazi reprocha durement à ce dernier son ingratitude, et le lendemain on lui brûla les yeux avec un fer chaud; le même jour le vizir fut envoyé à l'échafaud, et Ghazi mit sur le trône un prince plus faible encore, et plus inhabile qu'Ahmed (1754, de l'hégire 1168).

C'était l'inepte Alloumghire. Son intention fut évidemment de régner sous le nom d'un prince sans vigueur et sans énergie; mais le pouvoir suprême a tant de charmes, que l'homme le moins capable de l'exercer veut le posséder sans partage. Ghazi, par son génie et ses belles qualités, digne du premier poste, aurait pu relever l'empire et ramener ses anciens jours de gloire et de puissance; mais il eut constamment à lutter contre la malveillance des courtisans. Sur ces entrefaites, les Abdallis envahirent de nouveau l'Indoustan. On leva, non sans peine, une armée dont Ali-Gohar, fils aîné de l'empereur, prit le commandement sous la direction du vizir; mais elle n'arriva que jusqu'à Sirhind. Ghazi, informé qu'une conspiration se formait contre lui à Délhy, et que l'empereur en était le chef, négocia au lieu de combattre, et conclut un armistice avec Ahmed Abdallah. De retour à Délhy, il fit périr plusieurs omrahs, en dépouilla d'autres, enferma l'empereur dans la citadelle, et s'empara du pouvoir absolu. Alloumghire écrivit en secret au prince des Abdallis pour qu'il vînt le tirer d'esclavage, en l'assurant qu'aussitôt qu'il paraîtrait, les deux tiers au moins de l'armée impériale passeraient dans ses rangs. Abdallah profita de l'avis, tout arriva comme l'avait promis Alloumghire, et Ghazi, resté presque seul, se remit de lui-même aux mains d'Abdallah. L'empereur et ses courtisans s'attendaient à voir ordonner son supplice; mais Abdallah, qui estimait ses talents, lui donna sa confiance et le confirma dans sa charge. Ainsi les manœuvres d'Alloumghire n'aboutirent qu'à fournir à un ennemi avide le moyen de lever d'énormes contributions dans le pays.

Pendant que Ghazi reprenait le timon des affaires, Souradja-Dowla, successeur d'Allaverti, décédé depuis quelques mois, remplissait de terreurs les trois provinces (1) par sa tyrannie toujours croissante. Plusieurs omrahs avaient fait entendre des plaintes, que Souradja avait dédaigneusement rejetées; ils cherchèrent alors à se liguer avec les Anglais de Calcutta, et le gouverneur anglais leur fit de grandes promesses. Quelque temps après, le soubah, qui ne cherchait qu'une occasion de rupture avec les Anglais, fit demander avec beaucoup de hauteur qu'on lui remît deux marchands indous réfugiés à Calcutta. Sur le refus du gouverneur, Souradja mit sur pied cinquante mille hommes, et partit en personne pour aller faire le siége de la ville anglaise. La garnison, très-faible, se retira le troisième jour dans le fort et capitula au bout de trois autres jours. Le soubah, qui croyait trouver à Calcutta d'immenses richesses, emprisonna tous les Anglais, dans l'espérance que la peur des tortures les obligerait à révéler en quel lieu étaient leurs trésors; et comme les Anglais ne confessèrent rien, il les entassa dans une chambre basse de vingt pieds carrés, obscure et malsaine, ne recevant de jour que par une lucarne grillée. C'est cette chambre que les relations anglaises appellent le *trou noir*. Les Anglais y étaient au nombre de cent quarante-six; cent vingt-trois moururent pendant

(1) L'Orisser, le Bahar et le Bengale.

la nuit, suffoqués par la chaleur. M. Holwelle, l'historien du Bengale, mort à Londres nonagénaire, était commandant de la garnison, et il eut le bonheur de survivre à cette nuit fatale (du 20 au 21 juin 1756), que les Anglais n'ont que trop bien vengée par de longs massacres. Souradja laissa trois mille hommes à Calcutta, et reprit avec le reste des troupes le chemin de sa capitale.

Des forces considérables furent réunies à Madras, à la première nouvelle du désastre de Calcutta. Le colonel Clève prit le commandement des troupes de terre, l'amiral Watson celui de l'escadre. Dès que la saison le permit, le siége de Calcutta commença; le fort William rentra le 2 janvier au pouvoir de ses anciens maîtres. Les Anglais allèrent ensuite par représailles canonner et bombarder la ville d'Hougly, qui, obligée de se rendre, fut livrée aux flammes. De retour à Calcutta, les Anglais reçurent la nouvelle que la guerre s'était de nouveau allumée entre l'Angleterre et la France, et la destruction de Chandernagor fut aussitôt résolue. Attaquée par toutes les forces de l'Angleterre dans l'Inde, cette place ne put opposer une longue résistance. Chandernagor fut restitué à la paix, démantelé, et sous la condition expresse qu'il ne serait point fortifié.

Le soubah punit sévèrement le commandant qu'il avait laissé dans Calcutta; lorsqu'il apprit la ruine de l'établissement français, il jura d'exterminer tous les Anglais. Il écrivit à M. de Bussy, qui était encore dans le Dékhan, pour l'inviter à se rendre au Bengale avec les troupes qu'il commandait. Le colonel Clève, de son côté, se prépara pour la guerre; en même temps il renoua les négociations secrètes que le radjah Chrischna avait entamées. On gagna le général Jaffar-Ali-Khan en lui promettant la dépouille de Souradja; celui-ci, informé de la marche des Anglais, voulut les prévenir; il les rencontra dans les champs de Plassey : il conduisait cinquante mille fantassins, dix-huit mille chevaux, et traînait à sa suite cinquante pièces de canon de gros calibre; le colonel Clève n'avait que trois mille hommes, huit pièces de campagnes et deux obusiers. Le succès n'aurait pu être douteux sans la trahison de Jaffar. Un officier du soubah, voyant les fausses dispositions de Jaffar, avait deviné ses intentions perfides, et avec le corps de réserve il chargea si vigoureusement les Anglais, que ceux-ci reculèrent. Jaffar, qui s'aperçut de ce mouvement, chargea un de ses serviteurs de se mêler parmi les soldats de cet officier et de le tuer, ce que celui-ci exécuta. Les troupes, découragées, prirent la fuite.

Les vainqueurs arrivèrent à Mourschédabad en triomphe. Le colonel Clève proclama aussitôt le traître Jaffar. Souradja se jeta dans un bateau et s'abandonna au cours du Gange. Il arriva devant la cabane d'un fakir, auquel il demanda quelques provisions. Le fakir, qui l'avait reconnu, le livra aux soldats de Jaffar. Quand on apprit que Souradja était ramené, Miran, fils de Jaffar, craignant quelque mouvement de la soldatesque ou quelque retour de la faveur populaire, alla au-devant de lui et le tua de sa propre main. Jaffar paya chèrement le service que les Anglais lui avaient rendu. Outre la confirmation de tous les anciens priviléges et d'une cession de territoire, il leur páya la somme énorme de vingt-deux millions de roupies (environ soixante-huit millions de francs).

Les Français avaient perdu un allié en Souradja; la fortune les dédommageait dans les Circars, où M. de Bussy s'était solidement établi, menaçant d'extirper la puissance anglaise de la côte de Coromandel. Vers le même temps, une escadre de douze vaisseaux, apportant des troupes de débarquement, sous les ordres du fameux comte de Lally, entrait dans la rade de Pondichéry. Ce fut un malheur pour la colonie française. Lally arrivait plein de désirs de vengeance; il voulait faire subir aux établissements anglais le sort de Chandernagor, mais il ne consulta pas, avant d'agir, les règles de la prudence, et sa présomption ne lui permit pas d'écouter les avis de ceux qui pouvaient s'appuyer d'une longue expérience. Il avait d'ailleurs soif de renommée, et il commit bien des fautes et des injustices. Il commença par rappeler M. de Bussy, et les Circars ne tardèrent pas à être perdus (1758). Pour se dédommager, il renversa de fond en comble le fort de Saint-David; mais ce monceau de ruines anglaises ne rendait pas la vie aux établissements français. Ce premier succès remplit le nouveau gouverneur de confiance en lui-même; il médita la conquête et la destruction de Madras, et, comme il ne mettait jamais d'intervalle entre la conception d'un projet et son exécution, il alla mettre le siége devant cette ville. Mais au bout de deux mois, une escadre anglaise ayant paru devant Madras, le siége fut levé pendant la nuit avec tant de précipitation, qu'on abandonna beaucoup de munitions, quarante canons de gros calibre, et tous les malades ou blessés. Cette honteuse retraite, que rien ne commandait, servit de prélude aux événements qui ne tardèrent pas à frapper Pondichéry.

Ahmed-Abdallah n'avait pas perdu l'Inde de vue. Dès qu'il eut rétabli l'ordre dans ses provinces, il descendit des montagnes de l'Afghanistan pour entrer dans le Perjab, comme un torrent qui tombe dans la plaine. L'alarme fut générale; Ghazi lui-même ne fut point tranquille, parce qu'il s'était conduit autrement qu'il ne l'avait promis. Malheureusement pour l'empereur, Ghazi s'imagina que c'était lui qui, pour la seconde fois, attirait les ennemis, et Alloumghire fut assassiné. Aussitôt après, il mit ur le trône un prince de la famille royale, sous le nom de Jehaoun II. Le même jour les portes de la ville furent ouvertes aux Mahrattes, qui, durant plusieurs jours, se livrèrent au vol et au pillage. Quand on sut qu'Abdallah était peu éloigné, Ghazi se sauva chez les Jauts. Le premier acte d'autorité d'Abdallah, dans la capitale, fut de soumettre les habitants à une contribution que le pillage qu'ils venaient de subir les mettait dans l'impossibilité de payer. Ils voulurent se plaindre, on les repoussa durement; ils prirent les armes, et le farouche Abdallah ordonna qu'on les égorgeât; le massacre dura sept jours entiers. Ali-Gohar n'apprit qu'au bout de plusieurs jours la fin tragique de son père; il se fit proclamer aussitôt empereur à Patna. Les Anglais, auxquels il demanda leur alliance, refusèrent de traiter avec lui. D'autre part, Abdallah lui écrivait de Délhy pour lui offrir la couronne impériale; il craignit de se rendre à cette invitation qui, pouvait cacher un piége.

A cette même époque (1760, de l'hégire 1173), on vit arriver cent cinquante mille Mahrattes, qui faisaient publier sur leur passage qu'ils venaient rétablir l'ancien trône de l'Inde et en expulser pour toujours tous les musulmans. Annoncer ce dessein, c'était pousser les Mogols et les Abdallis, abjurant leurs ressentiments, à faire cause commune contre les agresseurs; et en effet, tous les musulmans de l'Inde vinrent se ranger autour d'Abdallah. Celui-ci avait abandonné Délhy pour aller prendre position à Panniput, à quinze ou seize lieues nord de Délhy. Les Mahrattes entrèrent dans cette malheureuse ville, et achevèrent de ravir aux habitants tout ce qu'ils possédaient encore. Ils allèrent ensuite camper à Karnal, lieu déjà célèbre par la victoire de Nadir sur Mohammed-Schah. Trois mois se passèrent sans qu'ils sortissent de leurs retranchements, et Abdallah, qui connaissait leur manière de combattre, voulait les entraîner à une action genérale. Enfin le 7 janvier 1761 (de l'hégire 1174), les musulmans et les Indous se portèrent sur le champ de bataille, où les uns et les autres croyaient combattre pour un empire que la fortune capricieuse ne destinait ni aux Indous ni aux musulmans. Ceux-ci, par d'incroyables efforts de bravoure arrachèrent la victoire aux Mahrattes, dont les pertes furent immenses en hommes, en chevaux, en éléphants, en munitions, en bagage. Avant de rentrer dans ses États, Abdallah nomma Soujah-Dowla soubah d'Oude, vizir à vie de l'empire.

Tandis que les musulmans et les Mahrattes soumettaient au sort des armes la décision de leur querelle, les Anglais pressaient vivement Pondichéry, dont ils avaient juré la ruine. Déjà, dans le courant de l'année précédente, ils s'étaient emparés de tous les établissements français de la côte orientale, et dès le mois de juillet ils avaient assiégé Pondichéry. Cette ville opposa une longue résistance ; le 16 janvier 1761, neuf jours après la fameuse bataille de Panniput, Lally se rendit à discrétion. Ce gouverneur a été diversement jugé ; plusieurs écrivains l'ont accusé de trahison. Un arrêt le condamna ; un autre arrêt a réhabilité sa mémoire ; l'un et l'autre sont peut-être peu justes. Un général peut commettre des fautes ; mais les fautes ne sont point des crimes, et Lally n'aurait pas dû trouver l'échafaud au bout de sa carrière ; c'était assez du supplice que lui infligeait l'opinion publique. Pondichéry fut renversé de fond en comble ; il fallut plusieurs mois pour terminer les travaux de démolition. Lorsqu'après la paix de 1763, il fallut rendre à la France ses possessions d'Asie, Pondichéry, Chandernagor, Mahé sur la côte occidentale, n'offraient que des monceaux de ruines.

Les Anglais n'avaient plus de rivaux dans l'Inde; depuis longtemps les Portugais et les Hollandais n'y exerçaient plus d'influence, et la chute de Pondichéry les avait délivrés d'une concurrence fâcheuse. Alors ils cessèrent de dissimuler, et on vit le conseil de Calcutta donner, reprendre la souveraineté du Bengale, comme si le Bengale n'eût été qu'un fief de la Compagnie. Soujah-Dowla qui, sous le titre de soubah, régnait dans l'Oude en despote, sans renoncer pour cela au viziriat perpétuel qu'Abdallah lui avait conféré, tenait l'empereur captif sous couleur de le protéger, et, abusant de l'ascendant que lui donnait la fortune sur le malheureux prince, il l'obligeait de souscrire à ses volontés. Soujah haïssait les Anglais : il leur déclara la guerre au nom de l'empereur; mais il essuya une défaite totale. L'empereur, devenu libre de sa personne, se rendit au camp des Anglais, auxquels il abandonna son pouvoir sur le Bengale, le Bahal et l'Orissa, moyennant une pension de six millions cinq cent mille francs.

Pendant que l'empire mogol marchait à grands pas vers sa dernière et inévitable catastrophe, une puissance nouvelle, création d'un seul homme, s'élevait au centre de la péninsule. Cet homme, l'un des plus extraordinaires que l'Inde ait produits, était le régent de Mysou ou Maïssour, Hyder-Ali-Khan, qui de simple officier était devenu général en chef et régent du royaume. Dans les guerres du Carnatic il avait été auxiliaire des Anglais; ceux-ci ne remplirent pas les promesses qu'ils lui avaient faites, et il devint leur ennemi implacable. Les Anglais suscitèrent contre lui les Mahrattes occidentaux; il les repoussa, et sa haine contre les Anglais n'en fut que plus vive. Toutefois avant de commencer la guerre, il voulut s'assurer la possession du trône, et, reléguant à Séringapatam la famille du radjah, il se fit solennellement reconnaître comme souverain (1769, de l'hégire 1182). Vers le même temps l'empereur

Schah-Alloum, qui ne s'accoutumait pas à la dépendance où il vivait dans Allahabad, forma le projet de rentrer à Délhy, qui, depuis deux ou trois ans, était livré à la plus complète anarchie. Les Anglais, désapprouvant son projet, refusèrent de le seconder; il s'adressa pour lors aux Mahrattes qui lui fournirent trente mille cavaliers. Avec ce secours, il soumit la contrée située entre le Gange et la Djumna, et entra dans Délhy; mais lorsqu'il fut question de partager avec les Mahrattes le butin qui s'était fait, ceux-ci se montrèrent si exigeants, qu'il fallut en venir aux mains (1772, de l'hégire 1185); les Mahrattes furent expulsés, mais ils revinrent bientôt après en si grand nombre qu'il n'était pas possible de leur opposer de la résistance. Ils avaient à leur tête le fameux Holcar; des conditions fort dures furent imposées au malheureux Schah-Alloum. Sur ces entrefaites, on apprit la mort d'Abdallah, et l'avénement de son fils Timur ou *Teimour*. Les Mahrattes se réjouirent d'un événement, qui leur ouvrait le chemin des provinces du Nord; car ils craignaient Abdallah, et le naturel doux et paisible de son successeur leur promettait une longue paix. Les Sickhs de leur côté se hâtèrent de revenir sur Lahore dont ils s'emparèrent. Les Mahrattes tentèrent d'envahir le Rohilcund; les Rohillas, avec le secours des Anglais et du soubah d'Oude, repoussèrent les Mahrattes, mais leurs pays, du consentement des Anglais, devint la proie du soubah (1774, de l'hégire 1187). L'année suivante Soujah-Dowla mourut, et son successeur, pour conserver l'alliance des Anglais, leur céda Bénarès et son territoire, qui seul leur manquait pour avoir la propriété de tout le Bengale. Quand aux Mahrattes ils étaient occupés chez eux, par des divisions intestines, et Hyder-Ali mettait à profit ce temps de repos, pour introduire parmi ses troupes la discipline européenne.

Cependant Hyder n'était pas d'un caractère à rester longtemps dans l'inaction; il voulait plus que jamais abattre la puissance anglaise; mais la haine n'excluait pas en lui la prudence. Il s'était ligué avec les Mahrattes, le soubah du Dékhan et les Français (1779), et le plan qu'il avait conçu aurait eu incontestablement un résultat fatal pour les Anglais, s'il eût été exécuté. Les Anglais cherchèrent à diviser ceux qu'ils n'auraient pu vaincre réunis. Les Mahrattes orientaux furent gagnés à prix d'argent; ceux de Pounâh restèrent sur la défensive ; le soubah se laissa gagner comme les Mahrattes; les Français ne firent aucun mouvement; Hyder seul fit la guerre ; il avait déjà conquis tout le Carnatic, mais en apprenant la défection de ses alliés, il abandonna sa conquête. On prétend qu'il en éprouva tant de chagrin qu'il ne put y survivre (1782, de l'hégire 1195). Cette mort priva la Péninsule de son plus courageux défenseur, et les Anglais furent délivrés de l'ennemi qu'ils craignaient le plus. Tippou-Saïb, qui lui succéda, avait le même courage, la même ardeur pour la guerre, mais il ne réunissait à la bravoure ni la prévoyance, ni la sagesse, ni les talents de son père.

Dans le nord, les Rohillas avaient rempli leur destinée ; ils ne comptaient plus au raug des peuples. Les Jauts existaient encore, mais très-affaiblis et en petit nombre; les Sickhs, au contraire, devenaient de jour en jour plus puissants.

Les Anglais, informés que Tippou était dans le Carnatic, envahirent ses états et livrèrent plusieurs villes au pillage et à la destruction. Tippou, pressant son retour, surprit les Anglais occupés à partager leur butin. Quinze cents restèrent sur le champ de bataille. Les fuyards se sauvèrent dans Bednore, où ils n'avaient laissé eux-mêmes ni vivres, ni munitions, ni remparts. Ils demandèrent à capituler; mais, à l'aspect des ruines encore fumantes de sa capitale, Tippou fut inflexible. Le général Mathewi et ses principaux officiers furent mis à mort; tout le reste de la garnison tomba dans l'esclavage (1783, de l'hégire 1197). La guerre continua de se faire avec beaucoup d'acharnement. Malheureusement pour Tippou, la nouvelle de la paix entre la France et l'Angleterre, officiellement notifiée à M. de Bussy et au bailli de Suffren, le priva des secours de son seul allié, et le força d'écouter les propositions de paix qui lui furent faites ; et, cette guerre, où la puissance anglaise s'était vue si près de sa ruine, se termina par un traité qui lui rendit toute son influence sur les plus belles régions de l'Asie. Tippou était resté néanmoins l'allié de la France; il envoya même une ambassade à Versailles (1787); mais la France touchait à la crise terrible qui allait compromettre sa propre existence; cette ambassade n'eut aucun résultat.

Cependant les omrahs de l'empire profitèrent pour secouer le joug de la première occasion qui s'offrit. Scindiâh fut contraint d'évacuer Délhy et Agra et de rentrer dans le Malwa. Peu de temps après, un homme audacieux, mais de mœurs corrompues, d'inclinations perverses, d'un naturel sanguinaire et féroce, Gholaoum-Candir, Rohilla d'origine, appela aux armes tout ce qui restait encore de Rohillas, et il marcha sur Délhy où il entra sans éprouver de résistance. Dès le premier jour, il se fit nommer émir-al-omrah, ce qui mettait à sa disposition toutes les troupes mogoles. Peu de jours après, il exigea que l'empereur lui donnât une somme suffisante pour payer les troupes ; et, sur l'allégation de Schah-Alloun d'impossibilité absolue, il le jeta dans une étroite prison, lui et tous les membres de sa famille, à l'exception d'un de ses fils, Ahmed-Schah, qu'il plaça sur le trône.

Candir était plus avare encore, plus avide de richesses qu'ambitieux; il semblait ne respirer que pour accumuler des trésors. Quand il eut épuisé toutes les ressources pour arracher à ses victimes l'or qu'elles possédaient; quand il eut dépouillé le palais de ses ornements, vidé les caisses publiques, enlevé tout ce qui offrait quelque valeur, Candir, escorté de cinq Afghans, entra dans la chambre de l'empereur, le fit saisir par ses hommes, et, se jetant sur lui avec fureur, lui creva les deux yeux avec la pointe de son poignard (10 août 1788, de l'hégire 1202). Quatre jours après cet affreux attentat, des partis mahrattes parurent aux portes de Délhy; c'était l'avant-garde de l'armée de Rana-Khan, général de Scindiâh, qui venait lui-même avec le corps de réserve. Candir, effrayé, se sauva sur son éléphant, après avoir mis le feu au palais et à la citadelle. Les Mahrattes arrivèrent à temps pour arrêter le progrès de l'incendie et sauver Schah-Alloum. Candir avec ses Rohillas s'était enfermé dans Mirtha. Menacé d'un assaut, il offrit de capituler, ce que le général mahratte refusa. Candir alors monta furtivement sur un cheval rapide, attacha sur la selle une lourde cassette pleine de diamants et de pierreries, et sortit de la ville par une fausse porte; mais à peine eut-il fait une lieue ou deux, que son cheval s'abattit; il resta si froissé de sa chute, qu'il lui fut impossible de faire aucun mouvement. Le cheval, se relevant aussitôt, continua sa course, emportant les trésors de Délhy. Au point du jour, des passants rencontrèrent Candir gisant sur la route, et, pour son malheur, ils le reconnurent. Transporté au camp des Mahrattes, il y reçut la punition de ses forfaits. Rana le fit enfermer dans une cage de fer qui fut placée sur un piédestal. Lorsque Scindiâh fut arrivé, on lui coupa le nez, les oreilles, les quatre membres, et on le livra dans cet état aux horribles douleurs d'une lente agonie. Le monstre expira avant d'arriver à Delhy où on le transportait.

L'empire Mogol était parvenu à sa dernière période d'existence; sa chute eut lieu sans secousse, parce que c'était un événement prévu depuis longtemps. Dès l'instant où Candir avait privé Schah-Alloum de la vue, tous, Indous ou musulmans, jugèrent son règne fini, et l'empire, qui n'existait plus de fait, parut anéanti de droit : l'idée du renversement prochain et inévitable du trône s'associait dans tous les esprits aux idées habituelles, et personne n'avait ni le pouvoir ni la volonté d'empêcher cette catastrophe. Les Anglais, qui seuls auraient pu soutenir Schah-Alloum, ne le voulaient point. Ils avaient tiré de lui un titre avec lequel ils exerçaient légitimement les droits de la souveraineté sur les trois provinces. La chute de l'empire et de leur suzerain leur faisait gagner la souveraineté elle même. La guerre venait, d'ailleurs, de recommencer entre eux et le roi de Maïssour, qui, après trois ans de combats (1792, de l'hégire 1206), fut obligé d'acheter la paix par la cession de soixante places ou forteresses, et par d'énormes contributions Durant les cinq ou six années qui suivirent cette paix désastreuse pour Tippou, il fit tous ses efforts pour susciter coutre les Anglais le soubah du Dékhan, les Mahrattes, les Abdallis; il ne put réussir. Il pensa, pour lors, de nouveau, à se procurer le secours des Français. Des lettres de Bonaparte, datées d'Égypte (1798, de l'hégire 1212), lui avaient donné quelques espérances. Tout ce qu'il put obtenir, ce fut deux ou trois cents *républicains*, rebut de Pondichéry et de l'Ile-de-France. Le marquis de Vellesley, gouverneur général du Bengale, déploya, de son côté, dans cette circonstance, autant de vigueur que d'activité; deux armées anglaises sorties l'une de Bombay, l'autre de Calcutta, se réunirent sous les remparts de Séringapatam, où Tippou s'était enfermé. Cette place fut emportée d'assaut le 4 mai 1799 (de l'hégire 1213). Tippou fut trouvé parmi les morts. Dans le partage qui eut lieu de ses états, les Anglais prirent tous les districts qui séparaient leurs possessions de Bombay de celles du Carnatic, et toutes les forteresses qui défendent les divers passages des Galtes. Le soubah de Dékhan eut toute la portion de pays contiguë à ses

K. Girardet del. P. Girardet sc.

Prise de Seringatapam et mort de Tippoo

Berthau Imp

états; les Mahrattes reçurent quelques cantons au-dessus de Bednore. Le Maïssour, réduit à ses anciennes limites, fut rendu aux héritiers du radjah, dépossédé par Hyder. Comme le prince élu n'avait que cinq ans, les Anglais s'engagèrent, par le traité qui fut conclu, à *protéger* le Maïssour et à entretenir une bonne garnison dans la capitale. Les ministres du prince promirent, de leur côté, un subside de sept millions pour défrayer leurs protecteurs.

Ainsi, après la guerre du Maïssour, qui finit presque avec le dix-huitième siècle, l'Inde se trouvait partagée entre trois grandes puissances, trois du second ordre, et plusieurs petits princes alliés ou feudataires des autres. Les Anglais possédaient le Bengale, le Bahar, l'Orissa, les Circars, une grande partie de la côte de Coromandel, le Canara sur la côte opposée, les territoires de Bombay et de Surate, et, dans l'intérieur de la péninsule, les provinces situées entre le Dékhan et le Maïssour. Les Sickhs, maîtres du Penjab, du Moultan et du vaste territoire qui s'étend des montagnes du Kaschmire, à l'O. de Délhy, jusqu'au Rohilcund, cherchaient encore à se rapprocher de l'ancienne capitale. Ce qui rendait ces peuples très-dangereux, c'était le traité qu'ils avaient conclu avec Zénan-Schah, roi des Abdallis, qui avait conçu, ou plutôt fait revivre le projet conçu par son aïeul Abdallah, de relever l'empire de l'Inde, et d'y établir sa propre dynastie. Les Anglais, qui devinaient ses desseins, excitaient contre lui les Persans et les Tartares. Les Mahrattes possédaient une immense étendue de terrain partagée en deux grandes portions, subdivisées elles-mêmes, et servant d'apanage à plusieurs chefs, dont les principaux étaient les successeurs d'Holcar, mort en 1797, et de Scindiât, mort deux ans plus tôt. Au premier rang des puissances du second ordre, on trouvait le soubah du Dékhan, ensuite celui d'Oude, puis le nabab du Carnatic. Les rois de Mysore et de Travancor, et le chef des Radjepouts d'Adjemyr, formaient la troisième classe. Depuis le commencement du dix-neuvième siècle, ces divisions ont souffert plusieurs modifications; la nababie du Carnatic n'existe plus, et les possessions anglaises se sont étendues au midi et au nord.

APPENDICE.

HISTOIRE DE L'INDE

DEPUIS LE COMMENCEMENT DU DIX-NEUVIÈME SIÈCLE.

Les Anglais avaient obtenu des empereurs le droit d'entretenir une garnison dans Surate, sous prétexte de protéger leurs établissements de la côte occidentale. Les anciens radjahs avaient rétabli leur autorité, tout en confirmant à l'égard des Anglais les faveurs impériales, pour ne pas s'en faire des ennemis. Peu à peu les Anglais s'immiscèrent dans les affaires de ces princes, protégèrent les uns, proscrivirent les autres, suivant leurs propres convenances, jusqu'à ce qu'ils eussent conclu un traité d'alliance qui leur abandonnait l'administration militaire et civile de Surate et de son territoire, en échange d'une pension d'un lak de roupies au nabab ou à ses héritiers.

Vers le même temps (1800), quelques troubles se manifestèrent du côté de Sérampour; ils étaient fomentés par un fakir ou plutôt un chef de bandits qui, sous prétexte de servir l'islamisme, se livrait à tous les excès. Il eut d'abord quelques avantages sur les Mahrattes, et réussit à s'emparer de plusieurs petits forts garnis d'artillerie. Déjà il menaçait la paisible ville danoise (Sérampour); le capitaine Smith accourut avec quelques bataillons, et dispersa, sans beaucoup de peine, les bandes du fakir, qui se sauva chez les Sickhs. D'un autre côté, le gouverneur général Vellesley obligea le soubah du Dékhan, en échange du subside annuel dont il était tenu, de céder à la Compagnie tout ce qu'il avait acquis des anciennes conquêtes d'Hyder-Ali par le partage de 1799. Le pays cédé était d'un rapport de six millions de roupies. La publication du traité fut accompagnée de fêtes et de réjouissances. L'année suivante (1801) ne fut pas moins féconde en événements importants. Sept mille hommes partirent de Bombay pour l'Égypte, sous les ordres du major général Buird. Les Anglais aiment les triomphes faciles. Tant que Bonaparte, et, après lui, le brave Kléber, avaient eu le commandement de l'armée d'Égypte, les Anglais n'avaient pas tenté de débarquement; mais quand l'armée, désorganisée et réduite, par le climat et les maladies, à une poignée de soldats, eut pour chef l'inhabile Abdallah-Menou, ils voulurent avoir la gloire de ravir aux Français leur conquête. Dans l'Inde, ils s'emparèrent de Sérampour qu'ils avaient défendue contre les Mahrattes. La garnison de cette ville était de quarante hommes environ; elle n'opposa aucune résistance. Peu de temps après ce glorieux exploit, le gouverneur de Madras fit la vaine cérémonie d'installer sur le trône du Carnatic le nabab Azof-oul-Dowla, qui, deux mois plus tard, se dépouillait, par un traité, en faveur de la Compagnie, de l'administration civile et militaire, et cédait ses villes, la perception des impôts, la nomination aux emplois, tous les attributs de la souveraineté, pour conserver le titre de souverain avec le revenu de quelques districts. Un traité semblable, de la même année (du 10 décembre), mit au pouvoir des Anglais une bonne partie de la riche province d'Oude. Les districts cédés produisaient un revenu net de quatorze millions de roupies; pour dédommager le nabab de cet immense sacrifice, la Compagnie prit l'engagement de le *protéger* et de le défendre contre tous ses ennemis.

A peine quelques mois s'étaient-ils écoulés, que les nouveaux souverains de Calcutta reçurent la nouvelle que des préliminaires de paix avaient été signés à Londres entre la France et l'Angleterre; ils se consolèrent de l'obligation de rendre les colonies par l'acquisition de l'île espagnole de la Trinité et des possessions hollandaises de Ceylan. Cet événement donna lieu à des fêtes à Calcutta, à Bombay, à Madras. Ce qui troublait un peu la douce quiétude des Anglais, c'était la crainte assez bien fondée d'une rupture imminente avec les Mahrattes, dont le chef, Rao-Scindiâh, montrait beaucoup de talent et de goût pour la guerre. Scindiâh, son prédécesseur, avait eu à son service un officier savoyard, nommé de Boigne, qui avait organisé dix-huit bataillons à l'européenne. Un corps nombreux de cavalerie avait reçu une organisation de même genre. Les deux troupes avaient des officiers européens, principalement Français. De Boigne était devenu le généralissime de Scindiâh, qui lui avait confié la garde de Schah-Alloum, et lui abandonnait le revenu de plusieurs cantons, s'élevant à la somme d'environ quarante-un millions pour l'entretien de son corps d'armée, qu'il avait porté peu à peu jusqu'à trente mille fantassins et huit mille cavaliers, sans compter l'artillerie. De Boigne avait demandé et obtenu son congé; mais avant de partir il mit à sa place un officier français, nommé Perron, que la nature avait créé général d'armée : l'armée mahratte, commandée par des officiers français, était pour ainsi dire une armée française. Cela inquiétait les Anglais, d'autant plus qu'ils n'ignoraient pas que des rapports fréquents s'établissaient entre le prince mahratte et le roi de Perse. Le renvoi par Scindiâh, vers le milieu de l'année, de tous les Anglais qui servaient dans ses troupes, fut regardé par le gouverneur général comme un acte d'hostilité; il se prépara à la guerre, ce qui ne l'empêchait point de s'occuper de l'administration intérieure. Déjà un collége avait été fondé à Calcutta dans le courant de l'année précédente; une école militaire y fut établie; et une ordonnance du mois de mars déclara coupable de meurtre, et punissable comme tel, quiconque abuserait de sa force physique ou de son ascendant moral sur d'autres individus pour les porter à faire le sacrifice de leur vie. Cette ordonnance fut motivée par la nécessité d'empêcher les parents de sacrifier leurs enfants au Gange, en les noyant dans ses eaux.

Il ne suffisait pas aux Anglais d'avoir acquis les possessions hollandaises de Ceylan; ils voulurent avoir l'île entière (1803); leurs premiers essais ne furent pas heureux. Ils avaient, il est vrai, pris la ville de Candi; mais les naturels revinrent en force, massacrèrent la garnison et menacèrent les villes anglaises de la côte. Une lutte non moins opiniâtre s'était engagée entre les districts cédés de la province d'Oude et leurs nouveaux maîtres, que les habitants ne voulaient pas reconnaître; mais le général Lake eut bientôt dispersé les rebelles.

L'Inde, au surplus, était loin de jouir de la paix intérieure. D'une extrémité à l'autre elle était divisée en deux partis toujours en guerre, les Indous et les musulmans. Le soubah du Dékhan venait de mourir, et avec son successeur Mirza, montèrent sur le trône la paresse et l'inexpérience. Sur la côte du nord-ouest, au-dessus de Bombay, il existait des tribus qui s'étaient adonnées à la piraterie et faisaient le plus grand tort au commerce. Une expédition, préparée à Bombay, eut un succès complet. La flotte des pirates fut entièrement détruite, et le fort de Batte, leur principal repaire, détruit de fond en comble. La présidence de Bombay obtenait dans le même temps la cession de plusieurs districts sur le golfe de Cambaye.

Cependant Ras-Scindiâh prenait une attitude menaçante, et comme il éludait les explications que les Anglais lui faisaient demander, le gouverneur général mit sur pied quatre armées, afin de tenir divisées les forces des Mahrattes, si la guerre avait lieu; précaution sage, mais superflue, puisque les Mahrattes, au lieu de s'unir contre leur ennemi commun, se faisaient une guerre acharnée, excités par les jalousies rivales de leurs princes, Scindiâh et Holkar. Le premier de ces deux chefs, battu par son compétiteur, demanda aux Anglais des secours qu'il avait d'abord refusés. Le major général Wellesley reçut aussitôt l'ordre de marcher sur Pounâh avec toutes les troupes du Maïssour, celles du Dékhan et les bataillons auxiliaires que le soubah devait fournir. Holkar n'attendit pas les Anglais; il ne laissa dans Pounâh qu'un de ses officiers avec quinze cents hommes. Celui-ci, à l'approche de l'ennemi, mit le feu à la ville et se sauva à la hâte. Les Anglais arrivèrent assez tôt pour éteindre l'incendie; ils rétablirent le peischouâh dans sa capitale. Cependant ce prince, qui ne se fiait pas à l'alliance des Anglais, pressait Boundslâh, prince des Mahrattes du Bérar ou d'orient, de s'unir à lui contre les étrangers. Il avait appris d'ailleurs que l'amiral Linois avait à bord des troupes et des officiers destinés à renforcer les Mahrattes. En traversant le Bérar, ce secours lui parviendrait sans accident; mais les Anglais gardèrent si bien les routes de Pondichéry à l'intérieur, qu'il ne fut pas possible aux Français débarqués de sortir de la ville. La rupture du traité d'Amiens, dont la nouvelle arriva presqu'en même temps, fut suivie dans l'Inde du siége et de la capitulation de Pondichéry. Scindiâh n'en persista pas moins dans ses projets, et il eut avec Boundslâh une entrevue dont le résultat fut de décider ce dernier à la guerre.

Les hostilités commencèrent dans le mois d'août. Quatre armées anglaises se trouvaient : la première dans le Dékhan, sous les ordres du major général Wellesley ; la seconde dans le Guzzerat, obéissant au colonel Murray ; la troisième dans le Kuttak, commandée par le colonel Campbell ; la quatrième dans le nord, confiée au commandant en chef Lake. Wellesley ouvrit la campagne par la prise d'Ahmednagor, d'où il se dirigea sur Aurengabad. Scindiâh tenta par un long circuit d'y arriver avant lui. Les Anglais le suivaient de près ; ils l'atteignirent près de Jaffierabad, et, malgré la supériorité numérique de ses troupes, ils le défirent complétement. Les bagages, les munitions, cent pièces d'artillerie tombèrent aux mains des Anglais ; Bourhampour ouvrit ses portes. Une seconde défaite, éprouvée par Scindiâh, porta l'épouvante au cœur de Boundslâh, qui, sans consulter même son allié, demanda la paix et l'obtint ou plutôt l'acheta par la cession de Kuttak. Les autres armées ne restèrent pas inactives. En moins de deux mois, Scindiâh se trouva dépouillé de toutes ses possessions du Guzzerat, et menacé de voir couper ses communications avec l'armée de

Perron, consistante en quinze mille fantassins et cinq mille cavaliers. C'était contre cette armée, dernière ressource de Scindiâh, que devaient se porter les plus grands coups. Elle avait pris une position très-avantageuse, et Lake, qui allait l'attaquer, s'attendait à une vive résistance; mais, après une première décharge de mousqueterie, les Mahrattes tournèrent le dos et s'enfuirent, laissant les Anglais étonnés de leur facile victoire. Au même instant, le général Lake recevait de Perron un message par lequel il lui annonçait qu'à dater de ce jour il n'était plus au service de Scindiâh, qui lui donnait un successeur; que, l'ordre du prince étant connu de l'armée, il n'avait pu compter ni sur ses officiers, ni sur ses soldats, ni par conséquent entreprendre de résister. Il demandait, en finissant, la permission de passer à Loucknow avec sa famille, ses biens et quelques officiers de sa suite. Lake accéda volontiers à sa demande, et lui donna même une escorte pour protéger sa retraite. L'armée anglaise se dirigea aussitôt sur Délhy; elle trouva rangée sous ses murs, en ordre de bataille, une armée de dix-neuf mille hommes, sous les ordres du Français Bourguien, qui remplaçait Perron. Les Anglais n'étaient que cinq mille, mais tous Européens. Après une action très-meurtrière, où trois mille Mahrattes tombèrent sur le champ de bataille, les Anglais remportèrent une victoire décisive. Bourguien et une grande partie des officiers aimèrent mieux se constituer prisonniers que de suivre les fuyards; ils désespéraient de la fortune de Scindiâh.

Le vieil empereur Schah-Alloum recouvra la liberté. Lake alla le voir; il le trouva dans un état de faiblesse extrême; c'était le fruit de ses longues souffrances. La conduite de Lake lui gagna l'amitié de tous les musulmans; il ne laissa pas d'exiger la remise d'une somme qui se trouvait dans le trésor, comme appartenante aux Mahrattes. D'un autre côté il stipula au nom de la Compagnie, en faveur du monarque, une somme annuelle de six laks de roupies pour l'entretien de sa maison. L'empereur, pour lui témoigner sa reconnaissance, lui conféra les deux ordres de *Mahi* et de *Moratib*, qui ne se donnaient qu'aux premiers personnages de l'empire, tels que le vizir, le boukschi et l'héritier présumé de la couronne. Lord Lake ne s'endormit pas dans l'ivresse du triomphe. Après s'être occupé des moyens de faire jouir Schah-Alloum de la liberté qui lui était rendue, il partit pour Agra, qui capitula le 18 octobre. Il y trouva des munitions de guerre et de bouche, de l'artillerie et trois cent mille livres sterling qui furent distribuées aux soldats. Il ne restait aux Mahrattes dans le Haut-Indoustan qu'une armée d'environ quinze mille hommes. Le général anglais se mit à sa recherche, et la battit, malgré une vigoureuse résistance. Tous ces désastres découragèrent Scindiâh; son orgueil fléchit devant des ennemis qu'il détestait, et il acheta la paix par des cessions de territoire. Par le traité, qui est du 30 décembre, les Anglais acquirent à perpétuité la fertile province de Douab avec toutes ses villes et forteresses, des territoires limitrophes de Jeypour et de Joudpour, la ville de Baroach et son district dans le Guzzerat, la forteresse d'Ahmednagor et son district dans la péninsule, et tout le pays situé entre les montagnes et le cours du Godavéry. Dans ces provinces se trouvaient plusieurs cantons dont Scindiâh conservait la propriété; mais il devait les tenir à titre de vassal. Il lui fut défendu, par le même traité, d'avoir à son service des Français ou des Américains, et de s'immiscer en aucune manière dans les affaires de l'empereur. Un second traité, conclu à la fin de février 1804, est d'alliance défensive; le but des Anglais était de priver Holkar de l'appui de Scindiâh. Les deux traités furent approuvés et signés par le soubah du Dékhan et par le peischouâh, ce qui acheva de consolider la puissance des Anglais. Ainsi l'autorité de la Compagnie ne voyait plus dans l'Inde d'autorité rivale. Holkar seul pouvait être encore un ennemi dangereux; Holkar abattu, l'Inde était soumise : on marchait à grands pas vers ce résultat.

Les Anglais prirent, pour attaquer le prince mahratte, le moment où les Abdallis, en guerre chez eux, ne pouvaient lui être d'aucun secours. Ils avaient voulu un prétexte plausible pour commencer les hostilités, et Holkar le leur avait donné. Tandis qu'il protestait de ses intentions amicales envers les Anglais, il entrait dans une confédération secrète avec divers radjahs indous et avec les Sickhs. Lord Lake rendit compte au gouverneur général de ce qu'il avait découvert, et le gouverneur, pour toute réponse, autorisa le commandant en chef à commencer les hostilités. En même temps il envoya l'ordre au major général Wellesley (1), qui était dans le Dékhan, de marcher sur l'Indou, afin d'appuyer par cette diversion les opérations de l'armée du nord. Holkar se laissa surprendre dans son camp; cinq mille Mahrattes furent tués, c'était le tiers de son armée. Les Anglais n'avaient que trois mille hommes d'infanterie et dix-huit cents cavaliers. Après cette victoire, ils allèrent assiéger le fort de Dig, appartenant à Rounjeit-Sing, radjah de Bhourtpour, qui, violant un traité d'alliance avec les Anglais, avait uni ses forces à celles d'Holkar. La garnison n'attendit pas l'assaut; elle évacua le fort pendant la nuit. La capitale du radjah fut aussitôt après investie. Rounjeit se défendit avec le courage du désespoir. Holkar tenta de secourir Bhourtpour. Lake, averti de son approche, laissa devant la place une partie de ses troupes, alla surprendre encore Holkar dans son camp, et le mit dans une déroute complète. Les Mahrattes se rallièrent à quatre lieues de là. L'infatigable Lake se mit encore à sa poursuite, et le mit en désordre. Bientôt même le prince mahratte se trouva réduit à un tel état de détresse, qu'il lui restait à peine quelques soldats pour la garde de sa personne. Cependant la saison des pluies étant arrivée, Lake mit ses troupes en quartier d'hiver. Holkar profita de ce temps de repos pour faire quelques levées; mais à peine se montra-t-il au-dessus de Délhy, que le général Lake sortit de cette ville pour aller au-devant de

(1) Aujourd'hui duc de Wellington.

lui. Holkar battit en retraite. Lake le poursuivit de si près, qu'il fut contraint de se sauver à Lahore. De là il demanda la paix à son vainqueur. Il l'obtint par des sacrifices. Lord Lake partit pour l'Europe en février 1806, immédiatement après la conclusion du traité de paix avec Holkar. Le roi d'Angleterre combla le général d'honneurs ; mais ce dernier n'eut pas le temps d'en jouir ; il mourut au commencement de l'année suivante (1807).

Ce fut aussi cette même année que l'empereur Schah-Alloum mourut à Délhy, âgé de quatre-vingt-deux ans. Son fils Akber succéda à son titre avec l'autorisation des Anglais, qui lui continuèrent la pension qu'ils avaient promise à son père. Lord Wellesley fut remplacé par Cornwallis, qui mourut en arrivant. Lord Minto fut nommé pour lui succéder. De quelques mois la paix ne fut point troublée. Seulement, vers la fin de l'année, une escadre partie de Madras alla détruire l'établissement hollandais de Sourabaya, tandis qu'un détachement de la garnison du fort William alla s'emparer de Serampour, pour punir les Danois de leur alliance avec Napoléon. Mais le projet qui surtout occupait les Anglais, c'était de s'emparer des îles de France et de Bourbon, d'où sortaient tous les ans de hardis armateurs qui venaient s'emparer de leurs vaisseaux jusque sur leurs côtes. Les embarras qui survinrent dans l'intérieur firent ajourner pour quelque temps l'exécution du projet d'invasion. Outre l'inquiétude que leur donnait le voisinage d'une armée d'Afghans réunie sur la frontière du Penjab, par un des prétendants au trône des Abdallis, ils avaient à craindre les suites de l'insubordination qui régnait dans une partie de leur armée, et des manœuvres du radjah de Travancor, qui cherchait à rompre *les chaînes de l'alliance* que les Anglais lui avaient imposée. Cette insubordination était causée par le caractère opiniâtre du gouverneur président de Madras, Barlow, son humeur impérieuse et son extrême rigueur, qui l'avaient fait détester du peuple et de l'armée.

Les Anglais envoyèrent une escadre et des troupes; les naturels se défendirent; mais, à la fin, la discipline européenne l'emporta sur la bravoure des naïrs de Travancor. Le radjah fut obligé d'accepter les dures conditions que les vainqueurs lui imposèrent. Le déwan, craignant de tomber entre leurs mains, se donna la mort; les Anglais, peu généreux, firent attacher son cadavre à un gibet; son crime était d'avoir aimé son pays. Pendant que la guerre avait lieu dans le Travancor, les Sickhs de Sirhind se livrèrent à des démonstrations hostiles; on envoya contre eux les troupes qui venaient de soumettre les naïrs de la péninsule, et les Sickhs demandèrent la paix, pour laquelle ils cédèrent plusieurs forteresses sur la rive gauche du Sattége. De Sirhind les Anglais pénétrèrent dans l'Hourriana, entre le Sattége et la Djumna, et ils prirent la ville de Bhowani, dont les habitants dépouillaient les voyageurs qui passaient près de leur ville. Ils portèrent ensuite la guerre dans le Boundelcund, et s'emparèrent d'Adjygour; ils donnèrent au radjah une somme d'argent en échange de ses États, et lui assignèrent Banda pour résidence.

Cependant la présidence de Bombay préparait une expédition maritime que, pour éloigner les soupçons, on disait destinée contre un essaim de pirates qui infestaient la côte occidentale et le golfe Persique. Les premiers coups, en effet, furent portés contre ces pirates et leurs forteresses, qui furent détruites de fond en comble. Mais pendant que tous les yeux étaient, pour ainsi dire, tournés vers les rivages de la Perse, une escadre anglaise faisait voile vers l'île Bourbon, où elle aborda presque à l'improviste. La ville, sans défense, fut obligée de se rendre; des croiseurs français accoururent, et l'île fut provisoirement évacuée par les Anglais; mais ils ne la quittèrent que dévastée, comme si elle avait été au pouvoir de quelque horde sauvage. Comme le sort des armes, à cette époque (1810-1811), avait provisoirement placé les Hollandais sous la dépendance de Napoléon, les Anglais envoyèrent quelques vaisseaux aux Moluques, pour s'emparer des établissements bataves. Amboine se rendit sans opposer de résistance, et non sans suspicion d'intelligence entre les habitants, la garnison et les Anglais. Quand le gouverneur d'Amboine fut arrivé à Batavia avec une partie de ses officiers, le général Daëndels le fit fusiller, et tous les officiers furent cassés; ceux qui étaient restés à Amboine, déclarés traîtres et pendus en effigie. Les îles de Banda et de Ternate eurent le sort de celle d'Amboine. Aussitôt après cette expédition on reprit la guerre des pirates; le château de Schinâz, leur dernière retraite, fut emporté d'assaut; presque tous les pirates perdirent la vie en le défendant. C'était là, comme l'année précédente, le prélude d'une attaque plus sérieuse; des forces considérables, réunies à l'île Rodrigue, se dirigèrent sur l'île Bourbon, dont la garnison n'était pas de cent hommes. Attaqués par trois mille soldats et une artillerie bien servie, la ville dut capituler. De l'île Bourbon les Anglais envoyèrent une proclamation aux habitants de l'Ile-de-France, auxquels ils vantaient le bonheur d'être Anglais, et les habitants ne se montrèrent que trop portés au changement ou du moins à l'indifférence et à l'inaction. Le général Decaen n'avait qu'un très-petit nombre de soldats. Onze ou douze mille hommes anglais, indous, mahrattes, cipayes. avaient débarqué et commencé les opérations du siége, tandis que trente ou trente cinq vaisseaux de guerre bloquaient le Port-Louis. L'Ile-de-France, en tombant au pouvoir de l'Angleterre, a pris le nom d'île Maurice.

Pendant que les Hollandais et les Français perdaient ainsi leurs colonies, les princes indous achevaient d'user dans des guerres intestines les forces qui leur restaient, comme s'ils eussent voulu laisser les Anglais sans rivaux et sans ennemis dans les belles régions dont ces étrangers mêmes les avaient dépouillés. Ronjeit-Sing voulait étendre ses limites du côté du Moultan, et ses efforts échouaient contre la résistance des naturels. A la cour de Scindiâh, les chefs militaires excitaient les soldats à l'indiscipline; ils prétendaient anéantir tout ce qui restait des institutions de Perron et de son successeur. Scindiàh, dont l'ardeur martiale n'était pas éteinte, prenait, après un long siége, le fort de Harwar. Les deux radjahs de Jeypour et de Joudpour étaient aussi engagés dans une sanglante lutte, parce qu'ils prétendaient l'un et l'autre à l'alliance du radjah d'Oudipour. Quant à Holkar, depuis qu'il avait été battu par les Anglais, le découragement, affaissant son âme, y avait éteint l'ambition. Il s'était déchargé sur son favori Amir-Khan du soin des affaires, et celui-ci régnait sous le nom de son maître. Il avait déclaré la guerre au radjah de Naypour; mais en apprenant que les Anglais faisaient marcher des troupes au secours du radjah, il se hâta de repasser les frontières. Dans le Boundelcund, le radjah d'un petit État, Gopaoul-Sing, avait été expulsé par les Anglais, qui avaient mis à sa place une de leurs créatures. A force de constance et d'efforts, Gopaoul reprit l'offensive, chassa son remplaçant et se défendit longtemps contre les Anglais, qu'il harcelait par des escarmouches sans en venir jamais à une action générale.

Depuis cette époque les annales de l'Inde n'offrent pas de faits importants. Les guerres des Anglais contre les Birmans, leurs conquêtes au delà du Gage, leurs guerres récentes contre les Afghans, et leurs désastres plus récents encore, sont des événements étrangers à l'histoire de l'Inde. Ici, les princes du pays, trop faibles pour rien entreprendre, heureux de posséder ce que les Anglais ne veulent point leur ravir, ne causent à leurs dominateurs aucune inquiétude. Si quelquefois ils prennent les armes, c'est pour régler entre eux quelque différend particulier ; et tant qu'ils ne font que s'affaiblir mutuellement, les Anglais les laissent aller ; mais si le vainqueur prétendait profiter de sa fortune pour augmenter sa puissance, les Anglais interviennent, imposent la paix aux deux parties, ou bien ils secourent la plus faible jusqu'à ce qu'ils aient rétabli l'équilibre. Ils possèdent les plus vastes, les plus riches, les plus belles contrées de l'Inde ; ils n'ont nul besoin d'augmenter leur territoire par de nouvelles conquêtes; et c'est pour cela qu'ils laissent les Sickhs, les Mahrattes, les princes du Dékhan, de Maïssour, de Travancor, en possession des contrées centrales ou de quelques cantons de la côte : ce sont des fermiers qui exploitent pour eux des terres ingrates ou d'un accès difficile. Aussi, pour satisfaire la passion d'agrandissement qui les tourmente, et que leur intérêt même ne veut pas qu'ils assouvissent sur ce qui reste de l'Inde hors de leurs mains, ils ont tourné leurs armes vers l'orient, et, comme nous venons de le dire plus haut, le tableau de leurs succès ou de leurs revers au delà des limites de l'Inde ne saurait entrer dans notre plan. Disons seulement quelques mots sur l'administration intérieure des possessions britanniques, et sur les moyens employés pour assurer la prospérité des habitants.

Comme le bonheur des peuples dépend en grande partie de l'instruction et des lumières sagement distribuées, des colléges ont été fondés à Calcutta, à Madras, à Bombay, à Surate, à Bénarès et dans beaucoup d'autres villes, autant pour l'étude des langues orientales, dont la connaissance est si nécessaire dans ce pays, que pour les éléments des sciences physiques et morales. La société asiatique de Calcutta, la société littéraire de Bombay, s'occupent sans cesse de recherches savantes; d'autre part, l'étude des lois et de la jurisprudence est fortement recommandée. Il en est de même de la médecine. Les découvertes faites en Europe sont promptement transplantées sur le sol indou. C'est ainsi, par exemple, que la vaccine, introduite d'abord au Bengale, l'a été ensuite chez les Sickhs, chez les Mahrattes, au Dékhan et dans l'île de Ceylan. La santé même des animaux excite la sollicitude; une école vétérinaire a été établie à Madras en 1810. Les nouveaux procédés d'agriculture répandus dans l'intérieur des marais assainis, des canaux d'irrigation creusés dans les plaines, des ports, des monuments publics; l'amélioration des plantes indigènes; l'implantation des produits exotiques; l'établissement de fabriques, de manufactures de tout genre: tels sont les bienfaits par lesquels les Anglais cherchent à dédommager les Indous et les musulmans de tout ce qu'ils ont perdu.

FIN.

TABLE

Avertissement. 5

CHAPITRE PREMIER.

Esquisse de l'histoire ancienne de l'Inde depuis les temps les plus anciens jusqu'à l'invasion de Mahmoud. 11

CHAPITRE II.

Invasion de Mahmoud dans l'Inde. — Des successeurs de Mahmoud. — Extinction de la race des ghaznevides. 21

CHAPITRE III.

Des princes gaurides. — Nouveau royaume de Délhy, fondé par Coultoub. — Des successeurs de Coultoub. — Expédition de Dgenghiz-Khan. — Première apparition des Mogols. — Extinction de la race gauride. 41

CHAPITRE IV.

De la dynastie des Chilligis, de race afghane, jusqu'à l'invasion de Timur-Leng ou Tamerlan. 65

CHAPITRE V.

Invasion de Timur-Leng. — Chute de la dynastie des Chilligis. 90

CHAPITRE VI.

Du règne de Béloli, fondateur de la dynastie afghane de Lodi. — Première expédition des Portugais. — Apparition de Baber, sultan de Caboul. 100

CHAPITRE VII.

Du règne de Baber, fondateur de la dynastie mogole, et des révolutions qui suivirent sa mort. — Seconde dynastie putane. — Rétablissement de Houmaïoun, fils de Baber. 117

CHAPITRE VIII.

Règne d'Akber. — Régence de Byram. — Akber déclare la régence finie. — Ses conquêtes. — Sa mort. — Décadence de la puissance portugaise. — Des autres établissements européens, hollandais, anglais, français. 132

CHAPITRE IX.

Successeur d'Akber. — Jehanghirre. — Schah-Jéhan. — Naissance d'Aureng-Zeb. — Il se révolte, fait la guerre à ses frères et s'empare du trône. 149

CHAPITRE X.

Règne d'Aureng-Zeb. — Progrès des établissements européens. — L'empereur est vainqueur de tous ses frères ; défection de son fils Mohammed. — Révolte des Afghans. — Longue paix. — Mort de l'empereur. — Mahrattes et Sickhs. — Suite de l'histoire des établissements européens. 174

CHAPITRE XI.

Des troubles qui suivirent la mort d'Aureng-Zeb. — Du règne de Mohammed-Schah. — Invasion de Nadir-Schah, roi de Perse. — Guerres dans l'intérieur. — Établissements européens. — Apparition des Abdallis. 200

CHAPITRE XII.

Du règne d'Ahmed, successeur de Mohammed-Schah, et de ses deux successeurs, Alloumghire et Schah-Alloum. — Chute de l'empire mogol. — État de l'Inde à la fin du dix-huitième siècle. 221

APPENDICE. 245

Tours, imp. de Mame.

www.ingramcontent.com/pod-product-compliance
Ingram Content Group UK Ltd.
Pitfield, Milton Keynes, MK11 3LW, UK
UKHW031045260726
13965UKWH00006B/449

9 782012 888234